BEI GRIN MACHT SICH IHR
WISSEN BEZAHLT

Bibliografische Information der Deutschen Nationalbibliothek:

Die Deutsche Bibliothek verzeichnet diese Publikation in der Deutschen National-
bibliografie; detaillierte bibliografische Daten sind im Internet über http://dnb.d-
nb.de/ abrufbar.

Impressum:

Copyright © 2016 GRIN Verlag, Open Publishing GmbH
Druck und Bindung: Books on Demand GmbH, Norderstedt Germany
ISBN: 978-3-668-17671-3

Dieses Buch bei GRIN:

http://www.grin.com/de/e-book/317825/die-gesellschaftlichen-und-politischen-
ereignisse-des-deutschen-kaiserreichs

Mike G.

Die gesellschaftlichen und politischen Ereignisse des deutschen Kaiserreichs unter Wilhelm II. 1890-1918

Ein Überblick in Stichpunkten

GRIN Verlag

GRIN - Your knowledge has value

Der GRIN Verlag publiziert seit 1998 wissenschaftliche Arbeiten von Studenten, Hochschullehrern und anderen Akademikern als eBook und gedrucktes Buch. Die Verlagswebsite www.grin.com ist die ideale Plattform zur Veröffentlichung von Hausarbeiten, Abschlussarbeiten, wissenschaftlichen Aufsätzen, Dissertationen und Fachbüchern.

Besuchen Sie uns im Internet:

http://www.grin.com/

http://www.facebook.com/grincom

http://www.twitter.com/grin_com

Die Wilhelminische Zeit

Vorwort

Die nun folgende Arbeit befasst sich mit den gesellschaftlich und politisch relevanten Ereignissen und Begebenheiten des deutschen Kaiserreiches unter Wilhelm II. Im Zeitraum von 1890 – 1918. Äußerst detailreich, wenn nicht sogar pedantisch wurden sämtliche Informationen zusammengefasst und erläutert, damit ein intensiver Einblick in die Materie vermittelt werden kann. Geld hinterlegt finden sich Zusammenfassungen zeitgenössischer Berichte, den sogenannten Quellen. Für Prüfungsvorbereitungen jeder Art, sei es eine Klausur, eine Abitur oder sogar eine Semesterarbeit, eignet sich diese Zusammenfassung bestens und kann auch darüber hinaus vielseitig eingesetzt werden. Nach den stichwortartigen Ausführungen wurde ein selbst verfasster Informationstext beigefügt, welcher die wichtigsten Informationen thematisch (nicht länger chronologisch) angeht und näher erläutert.

- **1890 – 1918** wird als „**wilhelminische Zeit**" bezeichnet, grenzt sich von „**Bismarck – Ära**" ab.
- Sturz Bismarcks bedeutete Ende der Einschränkung deutscher Macht.
- Demagogischer Kaiser will Deutsches Reich verdiente Weltgeltung verschaffen, missachtet dabei alle diplomatische Klugheit.
- Nachfolgende Kanzler (**Caprivi, Hohenlohe-Schillingsfürst, Bülow, Bethman Hollweg**) nicht so prägend wie Bismarck.
- Wilhelm II. wollte seine Macht nicht von durchsetzungsfähigen Kanzlern einschränken lassen.
- Kaiser greift aktiver in Politik ein, jedoch bleibt Einfluss weiter gering.
- Außenpolitik unter Wilhelm II. fehlt die klare Linie, ist unberechenbar.
- Kanzler bestimmen nur zum Teil Außenpolitik, Kaiser gleichermaßen, gibt aber häufig äußeren Einflüssen nach.
- Viele **Prestigegedanken** und **Säbelrasseln**, unüberlegtes und großspuriges Reden, Selbstüberschätzung und Machtbewusstsein durch den Kaiser vermittelt.
  => Löst bei Großmächten Befremdung und Misstrauen aus.
- Außenpolitik lässt sich in 2 Epochen aufteilen, ist abhängig von gesamteuropäischer Entwicklung.
- **Nationalismus im Deutschen Reich ist im Wandel.**
- Innenpolitische Trennung der „Bismarck-Ära" von der „wilhelminischen Zeit."
- Nationalismus wurde zum **Integrationsmittel** im Deutschem Reich.
- Militär prägte im hohen Maße das öffentliche Leben.
  - Offiziere hatten großes öffentliches Ansehen, Bürger liebten Paraden und Uniformen, gesellschaftlich anerkannt worden, wenn man den Nationalismus manifestierte. Sogar ehemalige Gegner (Fürsten, Konservative) wurden national integriert.
- Militär prägte konservative Ausrichtung des Nationalismus, Monarch hatte Oberbefehl.
- **Reichsnationalismus** unter Wilhelm II. hat liberale Ziele verloren.
- Wurde konservativ, aggressiv, militaristisch und auch antisemitisch geprägt, **Kadavergehorsam** zur Regierung erwartet.
- Stolz auf Einheit, Macht und Stärke des Reiches.
- Brutales Vorgehen gegen Bedrohungen, außen = Feinde, Innen = Opposition (SPD, Zentrum, Juden)
- Zur Zeit von Wilhelm II. strebte man internationale Vormachtstellung an.
- Nationalismus im Ausland auch groß, Preußen war kein Einzelfall, Massenphänomen der Zeit.
- Aufgabe des Künstlers sei Erziehung des Volkes, arbeitende Klassen sollen sich am Ideal erfrischen.

- Gesellschaft und Kultur verzeichnen um die **Jahrhundertwende** einen deutlichen Modernisierungsschub.
- **1. Mai 1890** Zum ersten Mal „Protest- und Gedenktag" mit Massenstreiks und Massendemonstrationen in ganzer Welt begangen. Arbeiter, welche den **1. Mai** feiern werden ausgesperrt.
- **1. Oktober 1890** Sozialistengesetz wegen fehlender Mehrheit im Reichstag ausgelaufen.
- SPD erhält 1,5 Mio. Wählerstimmen, erreicht Mehrheit im Reichstag, jedoch schwächen Koalitionen und Mehrheitswahlrechte der Opposition Erfolg ab.
- **1890 - 1896** Rhodes als Ministerpräsident der Kapkolonie.
- Cecil Rhodes war Präsident der Kap-Kolonie und Gründer von Simbabwe.
- Wollte Empire unbedingt ausbauen, zur Not gegen Regierung (Subimperialismus).
- Vertrat national-rassistische Interessen, welche langsam im Volk aufkamen.
- **1890 – 1906/07 heroische Phase** des deutschen Imperialismus.
- Imperialismus bekommt mehr Anhänger, deutsche Intelligenz vertrat Idee zunehmend.
- Kanzler entschließt sich **Rückversicherungsvertrag** mit Russland nicht zu verlängern, wegen Widerspruch zum **Zweibund**.
- Diplomatisch ungeschickte Überbringung der Nachricht und verworrene Leitung des Deutschen Reiches irritieren Russland.
- **1890 Helgoland-Sansibar-Vertrag** mit England geschlossen.
- Deutsches Reich gewinnt strategisch wichtiges Helgoland und Zugang von Deutsch-Südwestafrika zu Sambesi-Fluss für einige Gebiete in Ostafrika und Gebietsansprüche auf Insel Sansibar.
- Bismarck nannte Vertrag unter Caprivi so, um Bild zu vermitteln, Deutsches Reich habe wertvolle Insel Sansibar gegen Felsen in Nordsee eingetauscht.
  => Russland denkt, Deutsches Reich hätte Kurs gewechselt.
- **1890er** Frauen durften extern Abitur machen.
- Einwohner erkannten Möglichkeit, über Reichstag und Öffentlichkeit, politischen Einfluss zu nehmen.
- **1890er Jahre**: Öffentliche, politische Auseinandersetzungen führen zur politischen Mobilisierung.
- Neben Arbeitern (sozialistische freie Gewerkschaft) und Unternehmern (Centralverband deutscher Industrieller) formierten sich immer mehr Menschen zu **Interessengruppen**.
- **1890er** Protestantische Bauern schließen sich zum **Bund der Landwirte** zusammen und verkünden ihre Interessen.
- Parteien werben verstärkt um Wähler durch längere Wahlkämpfe, häufigere Versammlungen und Flut an Flugblättern.
  => Taktik erfolgreich, da Wahlbeteiligung von 85%.
  - Sozialdemokraten und Zentrumspartei erfolgreich, liberale Parteien büßen Verluste ein.
- Reichstagswahlen wurden aufgewertet, politisches Bewusstsein der Bürger geweckt/verstärkt.
- Heftigkeit der Interessenkämpfe als unangenehm empfunden, als Sieg egoistischer Standesinteressen, Störung der Harmonie.
- Sozialgruppen hatten mindestens eine Partei, welche sie vertrat:

Landwirtschaftlich-protestantische Einwohner	Konservative
Städtisch-bürgerlich-protestantische Einwohner	Liberale
Arbeiter	SPD
Katholiken	Zentrum

- Regierung wurde nicht vom Reichstag entschieden, daher kein Zwang zur Kooperation,

fehlende Kompromissbereitschaft.
- Führte zu Problemen bei der Koalitionsbildung in der Weimarer Republik.
- Arbeiterschaft wurde zur selbstbewussten Sozialgruppe auch wenn Einfluss der SPD im Reichstag beschränkt blieb.
- Seit den **1890er** hat deutsche Außenpolitik außenpolitischen Spannungen verstärkt.
- **1890er** Amerikanische, imperiale Ideologie bekommt ökonomische Komponente.
- Aufstieg zur Industriemacht und größtem Agrarmittelexporteur führte dazu, dass Ausweitung des amerikanischen Wirtschaftsraumes unverzichtbar wurde. Absatzmärkte boten Ausweg aus Überproduktion und federten Wachstumskrisen.
- Amerikanische Wirtschaft war dynamisch und provozierte stets sozialen Wandel.
- Florierender Außenhandel verteidigt amerikanischen Lebenswandel und innere Machtstruktur.
- Amerikanische Kolonialisierung hatte 3 Ziele.

1. Nordamerika.　　　　2. Karibische Inseln und　　3. Pazifik und Ostasien.
　　　　　　　　　　　　　Lateinamerika.

- Amerikanischer Imperialismus war eher <u>informell</u>, da **Freihandelsimperium** durch gesicherte Stützpunkte geschaffen.
- Wollte keine Kolonien mit teurer militärischen und politischen Verantwortungsübernahme.
- **Seit 1890 tritt Blockbildung ein**, welche friedensbewahrende Politik zum Prinzip des Gleichgewichts der Großmächte betreibt sowie Bestrebungen unternimmt einen allgemeinen, großen Krieg zu verhindern.
- **1891** *„Alldeutscher Verband"* gegründet, setzte sich für Imperialismus ein.
- Ausuferndes weltpolitisches Denken mit forderndem und hegemonialen Unterton setzte sich durch.
- Fehlende deutsche Anerkennung mischt sich mit Überzeugung eigener Kraft, nationaler Stolz mischt sich mit Mutmaßung.
- **1892 Militärkonvention zwischen Russland und Frankreich.**
- Russland nähert sich Frankreich, da von deutscher Außenpolitik irritiert.
- **1892 Brief von Nama Häuptling Witbooi an Häuptling Frederick von Bethanien (540/M3).**
- Witbooi schreibt für beider Wohl, will sich versichern, ob Frederick dem Weißen Herrmann in Nomtsas wohnen lässt.
  - Ist dagegen, will Weißen keine Farmplätze überlassen.
- Afrika ist Land roter Häuptlinge, man habe gleiche Farbe und Lebensart, mit Gesetzen die ausreichend sind.
  - Geltende Gesetze ordnen Dinge in Frieden und Brüderlichkeit, nicht mit Härte und Strenge.
- Gemeinschaft von Gefolgsleuten zweier Häuptlinge ist friedlich, keine Gesetze über Wasser, Weideland, Wege wegen Geld.
  - Fremde dürfen umsonst durchs Land reisen, es umsonst nutzen; das reicht den Eingeborenen.
  - Gesetze der Weißen diskriminieren Einheimische, sind unausführbar und bedrücken von allen Seiten.
- Keine Rücksicht auf Umstände der Person.
- Ist ungehalten da Häuptlinge von Großnamaqualand (Deutsches Protektorat) Weißen zu viele Rechte und Einfluss geben.
  - Deutsches Reich gibt vor, uns vor anderen, gewaltsamen Nationen zu schützen, jedoch sieht er das Deutsche Reich als eben eine dieser Nation an, da es mit Gewalt regiert und Verbote aufstellt.
  => Ankunft der Deutschen führt nicht zu Frieden, denn sie rühmen sich ihrer Macht und Werke zu sehr.
- **Kulturelle Unterschiede:**

- Urvölker sind gastfreundlich (19-25), Einheimische haben Gesetze für Fairness und Frieden (14-16).
  - Wasser, Weide und Wege für Reisende ohne Gegenleistung, unabhängig von Herkunft / Hautfarbe.
  - Deutsche stellen afrikanischen Völkern unmenschliche Gesetze auf (25-29).
    → Keine Rücksicht auf Lebensumstände der Einheimischen (29-30).
- Deutsche wollen nur Profit machen (19-21).
  → Arroganz der Deutschen (43) → Deutsche regieren mit Gewalt (39-40).
- **Missverständnisse:**
- Ankunft der Deutschen bringt keinen Frieden und Sicherheit, sondern Krieg und Gewalt (39-42).
  => Deutsches Reich versichert Urvölkern Schutz vor feindlichen Nationen, ist aber selbst eine feindliche Nation.
- Unverständnis des anderen Stammes, welcher sich unter deutschen „Schutz" stellt (32-34).
  → Deutschen soll keine afrikanische Gastfreundschaft angeboten werden.
- **Zuwachs und Organisation der Frauenbewegung.**
- 1894 „*Bund deutscher Frauenvereine*" (BDF) vereint einzelne Frauenvereine.
- Kämpft mit Heterogenität der Ziele, weshalb nach außen wenig stark.
- Befürworten traditionelle Ehe und Familienform, lehnen radikale Gruppen ab, jedoch Menschenrechte für Frauen gefordert.
- Weibliche Sozialarbeit, verbesserte Bildungs- und Berufschancen gefordert, jedoch keine politische Mitsprache.
- Trennung von bürgerlicher und sozialistischer Frauenbewegung, letztere wurde parteipolitisch angesehen.
- Frauenemanzipation entstand als logische Konsequenz, da Befreiung vom Kapitalismus auch Befreiung der Frauen ist.
- Frauenarbeit ist Befreiung der Frau, aber auch notwendiges Übel des Kapitalismus', Gespaltenheit über diese Frage.
- Es gab Veränderungen in Bildung und Beruf, jedoch nur sehr langsam.
- Kindergärtnerinnen-Seminare wurden abgehalten, Frauen zum Telegrafenamt, Bahn und Postdienst zugelassen.
- Frauen in speziellen Schulen für einige Berufe ausgebildet.
  => Industrialisierung, gesellschaftliche Modernisierungen und Frauenbewegungen verändert Rolle der Frau nachhaltig.
- **1894 sino-japanischer Krieg um Korea bricht aus.**
- **1894 Französisch-russischer Zweibund** läutet Beginn deutscher Isolation ein.
- Innerhalb von nur 4 Jahren wurde Bismarcks zentrales Prinzip (Verhinderung eines Zweifronten Krieges) verspielt.
- Deutsches Reich müsste sich nun mit England anfreunden, um Gegengewicht zu Russland zu haben, steht aber in 3 zentralen Bereichen mit England im Konflikt.
- 1. Deutscher Imperialismus überschneidet sich mit englischen Interessen.
- 2. Deutsche Flottenpolitik schürt Misstrauen von England.
- 3. Wirtschaftliche Expansion des Deutschen Reiches verstärkt die europäische Konkurrenzsituation.
- **1894 – 1905 Amtszeit von Gouverneur Leutwein in Deutschsüdwestafrika.**
- **1894** Leutwein schließt Vertrag mit Maherero, welcher nördlichste Landesgrenze der Herero festlegt → Hererogebiet halbiert.
- **1894** Reichstagsgebäude gebaut worden, so hoch wie der Dom (→ Anlehnung an Italien).

4

- **1895 Gründung von Rhodesien (Simbabwe).**
- Japan besiegt China und erklärt Unabhängigkeit Koreas, China muss hohe Reparationszahlungen an Japan leisten.
- Frankreich, England, Russland, Amerika und Japan übten Druck auf geschwächtes China aus.
- Russland hatte Interesse an China, wegen Kontinentalimperialismus durch Unterdrückung und Einverleibung.
- 3 Objektbereiche Russlands.
- 1. Einfluss auf Türkei wahren um Meeresengen vom schwarzen Meer zum Mittelmeer zu kontrollieren.
- 2. Durchdringen nach Persien.
- 3. Indirekte Kontrolle über Mandschurei um wirtschaftliche Erschließung Chinas zu fördern.
  => Russland wollte kein Überseekolonialreich, sondern eigenen Grenzen ausdehnen.
- **Mitte der 1890er** Interesse europäischer Großmächte an Ostasien.
- Aktive Beteiligung durch England und Frankreich.
- **1896** Imperiale Konkurrenten vergönnen Deutschem Reich seine Bedeutung.
- Zweite Phase des deutschen Imperialismus zeichnet sich durch Einrichtung und Stabilisierung direkter Herrschaft aus.
  => Folgen sind Machtexpansion und Kolonialkriege.
- **1896 Krüger-Depesche von Wilhelm II.**
- Anlass sind Gegensätze der Buren in Transvaal und Oranje, welche Engländern volle Gleichberechtigung vorenthalten.
- **1895** Gruppe freiwilliger, englischer Soldaten dringt in Transvaal ein – ohne Kenntnis Englands - und wird geschlagen.
  - Wilhelm II. beglückwünscht Präsident der Buren in Telegramm und erklärt Deutsches Reich zur befreundeten Macht.
  - Einmischen Wilhelms II. in englische Interessen sorgt für Entsetzen in englischer Bevölkerung.
- **1896 - 1899** Eroberung des Sudans durch UK.
- Bülow formuliert deutsches Drängen nach Anerkennung am Prägnantesten.
- **1897** Reichskanzler Bülow: „*Deutschland soll einen Platz an der Sonne bekommen.*"
- Deutschland soll „*Hammer oder Amboss*" auf Weltbühne genannt werden.
  → Bruch mit Selbstschutz hin zu aggressiverem Vorgehen.
- Wandel zur Weltpolitik, da **Kraftgefühl, Aufbruchstimmung** und Wunsch etwas in Welt zu ändern in Bevölkerung verbreitet.
- Motivation war deutsche **Großmannssucht** aber auch Angst eigenes Ansehen und Macht vor Großmächten zu verlieren, welche sich im Hochimperialismus befanden.
- Deutschlands Eintritt in Weltpolitik kam zu spät, weshalb territorialen Besitzungen an Interesse anderer Großmächte stießen.
  → Konfliktpotenzial hoch, obwohl Kolonialpolitik nur Prestige- und Demonstrationspolitik.
- **1897** Kiautschou mit Hafen Tsingtau zur deutschen Kolonie erhoben, unter Vorwand der Ermordung deutscher Missionare.
- **1897** Wilhelm II. proklamiert Weltpolitik solle Großmachtstellung des Deutschen Reiches sichern.
- Präsens auf Weltmeeren zu zeigen sei notwendig,
- **1897** ⅔ der Rinder von Herero sterben an Viehpest.
  → Herero befinden sich in wirtschaftlicher Abhängigkeit zu Europäern, müssen ihr Land als Geschäftsobjekt ansehen.
- **20. Jahrhundert in ganz Europa Phase der Hochrüstung.**

- Als Deutschland Reichsflotte aufrüstete, entstanden viele Flottenvereine zur Unterstützung.
- Matrosenanzug für Kinder wurde populär (bis heute) => Symbol für neue Weltpolitik.
- Wenig Ansätze zur Beschränkung der Rüstung, blieben aber unbeachtet.

Motive, in Flottenbau zu investieren		
Schutz für Handel und Kolonien.	Strategische Überlegenheit.	Angriff auf Deutsches Reich soll Risiko für England darstellen. → Flotte zur Abschreckung Englands, nicht um es zu übertreffen.

- **Arbeitsbeschaffungsmaßnahmen** zur Behebung der inneren, wirtschaftlichen Probleme.
  - Ankurbelung der Konjunktur insgesamt (mehr Arbeit, mehr Wachstum, neue Industriezweige entstehen → **Synergieeffekte**)
- Neue deutsche Außenpolitik war hektisch und ziellos.
- Diplomatie pendelte zwischen Parteiergreifung für Russland oder England => Deutsches Reich entfremdete sich von beiden.
- Bismarcks Bündnissystem war für Kanzler zu kompliziert und zerbrach.
- **Bildinterpretation (12)**
- **zentrale Bildelemente:**
  Schriftzug in Reichsfarben. aufgehende Sonne mit Reichskrone → Tradition und Zukunft (Aspekt: Platz an Sonne).
  Leuchtturm = Sicherheit, Zivilisation (mit Reichsflagge).
  Kriegsschiff mit Matrosen und Schiffe (ggf. auch Handelsschiffe zur See) → Militärischer Fortschritt und Präsenz.
  Eichenblätter → Bezug zur deutschen Eiche (Stärke, Beständigkeit).
- **Interpretation:**
  Propagandawirkung, Nationalismus, Militarismus, Kaiserverehrung => Vertrauen in Politik Wilhelms II. gestärkt worden.
  Flottenrüstung: Flottengesetze, Konkurrenz zu England (Wettrüsten).
  => Botschaft entspricht dem Zeitgeist der nationalistischen Parteien und einem Großteil der Bevölkerung.
- **Kritische Einschätzung:**
  Erster Weltkrieg führte zu Materialschlachten und industriellem Krieg.
  Untergang und nicht Aufgang des deutschen Kaiserreiches 1918/19.
- **1898 – 1912 Flottengesetze** vom Reichstag beschlossen.
- Deutsches Reich geriet in Konkurrenz zur Seemacht England.
- SPD erfuhr innere Krise, da vorhergesagter Zerfall des Kapitalismus zu lange dauert. Einige Parteimitglieder forderten Kompromissbereitschaft mit dem Reichstag und Abkehr von Isolation im Reichstag.
- **1898 Eduard Bernstein: Zuschrift an den Parteitag der SPD (428/M6).**
- Kommunistisches Manifest war richtig, was Entwicklungen der modernen Gesellschaft im Allgemeinen kennzeichnete.
- Jedoch sind einige Schlussfolgerungen falsch, vor allem im Zeitraum, welcher für die Entwicklungen benötigt wurde.
  - Engels stimmt diesem rückhaltlos zu, in Schrift: „Klassenkämpfe in Frankreich."
- Marx setzte Kapitalismus Zeitfrist, dann würde er untergehen, nun ist nicht nur mehr Zeit vergangen, sondern sind auch noch weitere, neue Formen des Kapitalismus entstanden, welche Marx nicht vorhersah.
- Gesellschaftliche Verhältnisse nicht so verändert wie im Manifest beschrieben, Anzahl der Besitzenden ist sogar gestiegen.

- Vermehrung des gesellschaftlichen Reichtums durch wachsende Anzahl an Kapitalisten, nicht durch sinkende Zahl an Kapitalmagnaten → Mittelschicht ändert ihren Charakter, verschwindet jedoch nicht.
- Konzentrierung erfolgt nicht durchgängig mit gleicher Kraft und Geschwindigkeit.
- In vielen Produktionszweigen erfüllt sich Prognose von Marx, in kleineren und Landwirtschaft jedoch nicht.
- Gewerbestatistik weist außerordentlich abgestufte Gliederungen von Betrieben auf, keine Größenklasse geht unter.
- Veränderungen innerer Strukturen und gegenseitige Beziehungen der Betriebe hält Kapitalismus am Leben.
- **1898** Vorstoß in den Sudan durch UK.
- Bevölkerung fordert USA zur Seemacht zu machen, darum gab es Kolonien in Übersee.
- Amerikanisch-spanischer Krieg wegen dem Kubaaufstand.
- Folgen: Kuba wird zur Republik, Amerika bekommt Philippinen, Guam und Puerto Rico.
  => Markiert Übergang zum unverhüllten, amerikanischen Kolonialismus.
- Spanien wurde aus Mittelamerika verdrängt, Inselbrücke nach Ostasien gebaut, Karibik wurde zum amerikanischem Meer gemacht, Kanalzone gesichert.
- **1898 Faschoda Krise.**
- Frankreich wollte von Zentralafrika zum Nil, jedoch stand dieses Vorhaben im Konflikt mit dem der Engländer.
- In Faschoda treffen französische und englische Truppen aufeinander.
- Krise wird durch Vertrag gelöst, da Frankreich Freundschaft mit England gegen Deutsches Reich erstrebte
  → Lösung ohne Eingreifen des Deutschen Reiches gefunden.
  → England gibt nun isolierte Stellung auf und sucht festen Bündnispartner.
- Durch feindliche Bündnisse denkt deutsche Regierung, dass England sowieso auf Deutsches Reich angewiesen sei, weshalb es sich nicht fest binden wollte.
- **1899 Rosa Luxemburg in Bezug auf Bernstein (428/M7).**
- Bernstein benennt sozialistisches Programm als idealistisch, jedoch wird sein Brief nur als theoretische Begründung gesehen.
- Theorie von Bernstein (Gewerkschaften, Kampf um Sozialreform, Demokratisierung politischer Einrichtungen) wurde soweit von Sozialisten umgesetzt, einziger Unterschied liegt in Ausführung.
- Gewerkschaftlicher und parlamentarischer Kampf vergrößert politischen Einfluss der Proletarier.
- Nach Bernsteins Revisionismus (= Hinterfragen einer allgemein anerkannten sozialen Position) soll in der Theorie unmittelbare Resultate aufweisen, was jedoch wegen Unmöglichkeit und Zwecklosigkeit politischer Mitsprache schwer ist.
- Resultate sollten sein:
  Hebung der materiellen Lage der Arbeiter.
  Einschränkung der kapitalistischen Ausbeutung vorantreiben.
  Erweiterung der gesellschaftlichen Kontrolle.
- Beide Seiten sind sich einig, Lage der Arbeiter verbessern zu müssen. Landläufige Auffassung zur sozialistischen Bedeutung des gesellschaftlichen und politischen Kampfes ist Vorbereitung der Arbeiter auf sozialistische Umwälzung.
- Bernsteins Meinung: Kampf dient zur Einschränkung der kapitalistischen Ausbeutung, Antreiben zum Umdenken der Kapitalisten um sozialistische Umwälzung im objektivem Sinne herbeizuführen.

=> Beide Meinungen sind unterschiedlich.

- Parteiübliche Meinung ist, dass Proletariat durch gewerkschaftlichen und politischen Kampf Lage nicht von Grund auf umgestalten wird, daher muss zusätzlich noch politische Aktivität gefordert werden.
- Bernsteins Meinung: Geht von Unmöglichkeit der politischen Machtergreifung aus, will nur mit gewerkschaftlichem und politischem Kampf sozialistische Ordnung herbeizuführen sei.
- Gewerkschaftlicher und politischer Kampf wirke also stufenweise auf kapitalistische Wirtschaft => Bloße Einbildung.
- Kapitalistische Eigentums- und Staatseinrichtungen entwickeln sich genau anders herum als prognostiziert.
- Dadurch verliert Kampf jede Beziehung zum Sozialismus.
- Große sozialistische Bedeutung des Kampfes ist <u>Entwicklung eines Klassenbewusstseins der Arbeiter.</u>
- Kampf als direktes Mittel der Sozialisierung des Kapitalismus einzusetzen verfehlt eigentliches Ziel.
- Des Weiteren verhindert es Charakter als Erziehungsmittel der Arbeiterklasse zur proletarischen Machtergreifung.
- **1899** Inselgruppe der Marianen und Karolinen im Pazifik als deutsche Kolonie von Spanien gekauft.
- Samoa Inseln werden eine deutsche Kolonie.
- Amerika protestiert gegen Einflussnahme auf China, hat aber selbst wirtschaftlichen Einfluss erstrebt.
- **1899 Sudanvertrag** zwischen England und Frankreich nach Faschoda Krise.
- Beide Nationen stecken ihre Interessen in Afrika grob ab.
- → Friedliche Lösung eines Konfliktes, wichtige Voraussetzung für **Entente Cordiale.**
- **1899 Kipling The white man's burden.**

Bürde				Fremde Völker		
Dienen (4)	Kämpfen (5)	Geduld (13-14)	Arbeit (26)	wild (6)	Gefangene (7)	trotzig (7)
Stolz Einhalt gebieten (12)		Nächstenliebe (18-19)		dumm (14)	faul (22)	Heiden (23; 47)
Zivilisation bringen (18-19 ; 28-29)				störrisch (46)	verurteilend (47)	
Gute, alte Zeiten zurücklassen (49-51)						
=> Prüfungenstein der Erwachsenheit (52)				=> halb Kinder, halb Teufel (8)		

- Durch Wiederholungen nachdrücklich und appellativ.
- **Einschätzung.**
- Dient zur Legitimation des Imperialismus.
- Missionsgedanke, sowie „der weiße Mann" als Aufbauer / Bringer der Zivilisation.
- Kontrast: „gute" Europäer ↔ „böse" Ureinwohner => Chauvinismus, Rassismus.
- Sinnstiftung trotz Rückschläge.
- **1899 – 1900** Amerika fordert **„Open-Door – Policy"** in China.
- Keine direkte Herrschafts- und Einflusszonen gewollt, Amerika sicherte sich aber Monopol auf Märkte Chinas.
- **Dollar Diplomatie**: Dollar in unterentwickelten Ländern eingesetzt um Außenhandel zu fördern.
- USA wiesen öffentlich formalen Imperialismus zurück, vertraten ihre Interessen aber massiv.

=> Amerika verbindet formalen Antiimperialismus mit informellen Imperialismus für eigenen Interessen.

- **1899 – 1902 Buren Krieg.**
- Annexion von Transvaal und Oranje mit Selbstverwaltung von England.
- Erstmalige Einrichtung von *„concetration camps".*
- Deutsches Reich steht in Verhandlungen zu England und verhält sich neutral, obwohl Interesse auf Gebiete besteht.
- **Die deutsche Industrie wächst – gut für die Industriellen, schlecht für die Konservativen.**
- **Ende des 19. Jahrhunderts** Deutsches Reich ist drittgrößte Industriemacht der Welt.
- **Siemens** und **AEG** beherrschen als Elektroproduzenten Weltmarkt.
- England hat Angst vor deutschen Waren, mindern eigenen Wirtschaftswachstum.
- Verlangt Gütesiegel als Warnung vor deutschen Waren, *„Made in Germany"* wird dagegen Luxus- und Qualitätssiegel.
- **Anfang 1900** wurde Jugendbewegung **Wandervögel** gegründet, Jugendliche entfliehen tristem Alltagsleben durch Wanderungen und romantische Lagerfeuer.
- Alte Lebensweisen bleiben neben den neuen bestehen.
  - Rationalität neben Irrationalität, Fortschrittsoptimismus neben Fortschrittskritik, aber bleiben Ausbrüche der alten Welt.
- Starke Kritik / Begeisterung an Moderne von Zeitgenossen.
- Verlust der Überschaubarkeit, verlorene Familien- und Verwandtschaftsbeziehungen beklagt.
- Hektik, Lärm, Enge, Anonymität, persönliche Entwurzelung, Selbstentfremdung, Vereinsamung, Trunksucht, Verbrechen, Prostitution => modernes Babylon = Großstadt beklagt.
- Gegenbild **Agrarromantik**: Ordnung und Geborgenheit des Landes wurde von Konservativen angepriesen.
- **Vorteile Großstadt:** Arbeit, Lohn, Medizin (Säuglingssterblichkeitsrate nimmt schneller als auf dem Land ab), größeres Warenangebot, moderne Kauf- und Warenhäuser, Kulturangebote, Bildungsmöglichkeiten, Freizeitmöglichkeiten, Vitalität, Vielfalt, weniger Sozialkontrolle als früher in Dorfgemeinschaft.
- Bewusstsein der Menschen wurde durch Veränderungen in Wirtschaft, Gesellschaft, Kultur geprägt.
- **Nach 1900 Aufstieg USA zur führenden Industriemacht der Welt.**
- Große Rohstoffvorkommen, technologische Erfindungen, Ausdehnung des Binnenmarktes und Ausbau der Infrastruktur.
- Ausgeprägtes Wettbewerbs- und Wachstumsdenken, hohe Investitionsbereitschaft und Unternehmergeist.
- Bevölkerung glaubte an Erfolgschancen des Tüchtigen.
- USA führte zweite Industrielle Revolution (Fließbandarbeit)sowie neue Arbeits- und Fertigungstechniken durch Großinvestitionen herbei.
- **21. Juli 1900 Gesuch weißer Einwohner in Kolonien an das Auswärtige Amt (540/M2).**
- **Gestaltung des Zusammenlebens:**
  - Reichstag fordert aus humanen Gründen Prügelstrafe in Kolonien abzuschaffen (1-9), Kolonialisten stellen sich dagegen.
  - Bedrohung der gesunden wirtschaftlichen Entwicklung (11f.).
  - Ureinwohner sind nicht gleichberechtigt, sollen mit Mühe und Strenge erzogen werden (24).
  - Ureinwohner haben gegenüber Weißen nicht frech zu sein, sondern sollen gehorchen (29).
  - Haben keine Ehre; Gefängnisstrafe wäre Verbesserung ihrer Lebenssituation (34).
  - Bsp. Südafrika: Es ist möglich Ureinwohner zu „relativ brauchbarsten" (45) Arbeitern zu

erziehen, aber nur durch körperliche Züchtigung, sodass sie sich bei Weißen wohlfühlen und gerne für sie arbeiten.

- Weiße wollen Macht behalten, fürchten Wiedererstarkung der Ureinwohner, wenn Prügelstrafe aufgehoben wird (51-54).
- **1900 Begründung zur zweiten Flottenvorlage durch Admiral Tirpitz (DR2).**
- Risikotheorie von Tirpitz: Nicht an Quantität sollen die Großmächte übertroffen werden, sondern durch die Strategie.
- Man soll die Kolonien und den Handel schützen.
- **Frauenbild Anfang des 20. Jahrhunderts.**
- Mann verfügt über Ehekasse, Frau hat kein Wahlrecht, in Bayern und Preußen Verbot für Parteieintritt der Frauen.
- Frauen galten als leicht beeinflussbar, schutzbedürftig und familienorientiert.
  - Eigene Meinung der Frau würde in Ehe nur zu Streit führen.
- Durch Industrialisierung wurde Privatsphäre von Erwerbssphäre getrennt.
- Unverheiratete Frauen konnten weder Rolle der Frau noch Versorgung der Familie übernehmen.
  - Deshalb wollten Frauen nicht unverheiratet bleiben und verheirateten Töchter zur finanziellen Entlastung.
    - o   Traditionelles Frauenbild prägte selbst breite Teile der Frauenbewegungen.
- Durch wirtschaftlichen Boom ändert sich die Lage der Frauen kontinuierlich, aber langsam und gegen die Konservativen.
- **1900 Baden, Bayern und Würtenberg erlauben Frauen Universität zu besuchen.**
- Bürgerliches Recht erlaubt Frauen ohne Zustimmung des Mannes zu arbeiten, jedoch bleibt sie dem Mann untergeordnet.
- Britische *„Labour Party"* von Gewerkschaftlern gegründet.
- Owen fordert sozialistische Gesellschaft, Owen war erster Unternehmer, der sich um Wohl seiner Arbeiter bemühte.
  - Baute Arbeiterwohnungen, Angestelltenrabatt, Verbot der Kinderarbeit, Arbeitszeit auf 10,5 Stunden täglich reduziert.
- Industrielle Impulse kommen aus Amerika.
- Imperialistische Konkurrenz weitete sich nach Jahrhundertwende aus und kehrte nach Europa zurück.
- **1900** verstärktes Wettrüsten, obwohl bereits **1880** bedeutendes Militärpotential vorlag, im Interesse der Schwerindustrie.
- **Seit Beginn des 19. Jahrhunderts hat Deutschland eine Sonderrolle und ist isoliert.**

Abkehr von Bismarck.	Militarismus im Staat und Gesellschaft.	*„Platz an der Sonne – Politik".*	Aufstieg zur Hegemonialmacht in Mitteleuropa.

- Nur noch Bündnis mit Österreich-Ungarn, welches durch häufige innen- und außenpolitische Probleme kein guter Bündnispartner war.
- **1901 Unabhängigkeit Panamas.**
- **1901 – 1909 Präsident Roosevelt** erhebt Anspruch auf Polizeimacht in Lateinamerika.
- Roosevelt verfolgt mit Panamaaktionen geostrategisches Konzept.
  - Panamakanal verkürzt Seeweg von Ost- zur Westküste um 15.000km → Wirtschaft und Marine profitieren davon.
- Panamakanal, Karibik und Co. machen karibisches Meer zum amerikanischen Hinterhof, USA begnügt sich in Asien mit **„Open-Door – Policy"**, greift aber nur auf eigenem Kontinent militärisch durch.
- Durch militärisches Vorgehen und wirtschaftliche Investitionen unterwarfen sich zentralamerikanische Staaten den USA.

- Wichtigste Aktionsfelder des **Dollarimperialismus**: Karibik und Zentralamerika.
- **3. Dezember 1901 Präsident des deutschen Reichsflottenvereins zu Salm an Tirpitz (DR3).**
- Schlechte Konjunktur und ungünstige Geschäftslage von Handel und Industrie sollen zur Beschleunigung des Bau von Kriegsschiffen führen, damit Unternehmer Großaufträge bekommen und mehr Arbeiter unterhalten.
- Einschätzung von Salms Darstellung: Vertritt Interessen der
- Machtpolitik, da der Einfluss der Flottenvereine im Staats und des Staates im Ausland ausgeweitet werden soll.
- Industriellen, welche nach höherem Profit strebten.
- **1902** *„Verband für Frauenstimmrecht"* wurde gegründet, blieb jedoch erfolglos (anders als in UK und USA).
- **1902 Neutralitätsvertrag** geheim geschlossen → Langsamer Zerfall des **Dreibundes.**
- Italien hat sich mit Frankreich über Interessen in Tunesien geeinigt.
- **2. Oktober 1902 Schießbefehl von Trotha (541/M4).**
- Rühmt sich selbst als großen General. Herero haben sich gegen Deutsche aufgelehnt, Gräueltaten ausgeführt, gemordet und gestohlen. Wollen nun aus Feigheit nicht mehr kämpfen.
- Setzt Kopfgeld auf Häuptlinge und Maherero aus, aber nur lebendig.
- Herero müssen Land verlassen, sonst mit Waffengewalt dazu gezwungen.
  - Jeder Herero innerhalb der Grenzen wird erschossen, keine **weiteren** Frauen und Kinder aufnehmen.
- Nachricht soll beim täglichem Appell verlesen werden, jede Truppe, die Häuptlinge fängt wird belohnt.
- Man soll an Frauen und Kindern nur vorbeischießen um sie zur Flucht zu drängen, nicht auf sie schießen.
  - Erlass soll dazu dienen, keine männlichen Gefangenen zu machen, jedoch keine Grausamkeiten gegenüber Kindern und Frauen zu begehen, letztere werden schon noch fliehen, damit Truppe bekannten deutschen Ruf nicht vernichten soll.
- **1903 Bagdadbahn** von Konstantinopel zum persischen Golf vom Deutschen Reich gebaut.
- **1903** Bau der **Otavibahn** durch einheimisches Siedlungsgebiet.
- Herero müssen Land ohne Abfindung abtreten, zwar keine Landnot, aber Halbnomaden waren an viel Platz gewöhnt.
  - → Mussten sich eingeschränkt gefühlt haben.
- **1903** Verordnungen des Gouverneurs setzt Verjährungsfrist für Schulden auf 1 Jahr herab.
- Händler treiben ausstehende Schulden mit allen Mitteln ein, mit Viehpfändungen, welche als Diebstahl galten und gleichbedeutend mit einer Kriegserklärung waren.
  => Riesige Viehherden der Herero schrumpfen, Europäer verleiben sich viele Weidenländer ein, soziale Diskriminierung und allgemeine Rechtsunsicherheit konfrontieren jeden.
- **1903** Bolschewiki als Partei von Lenin gegründet und von diesem straff organisiert worden.
- **1904 – 1907 Hererokrieg in Deutschsüdwestafrika.**
- **12. Januar 1904** bewaffnete Herero überfallen Farmhäuser, dringen in Handels- und Militärstationen ein.
- Töten mehr als 100 Weiße in wenigen Tagen, aber keine Missionare, Frauen oder Kinder.
- Ursache lag in Rinderpest und Verdrängung aus Heimat → Existenzgrundlage in Gefahr.
- Deutsches Reich greift mit massiven, militärischen Mitteln ein.
- 15.000 Soldaten umzingeln Herero am Waterberg, treiben sie in wasserlose Wüste, 80.000 Herero werden zu 16.000 dezimiert, Stamm der Nama von 20.000 auf 10.000 Mann reduziert.
- Deutsches Reich baut Herrschaft weiter aus, unterdrückt einheimische Bevölkerung.
- Zeitgenossen von deutscher Kolonialpolitik schockiert, Verhalten von Trotha im Reichstag heftig kritisiert.
- **Anfang Mai 1904** von Trotha erhält keine neuen Instruktionen vom Kaiser, sollte Aufstand aber

mit allen Mitteln beenden.
- **4. Oktober 1904 Von Trotha an General Schlieffen (541/M5).**
- Fragt sich wie Krieg mit Herero zu beenden sei.
  - Gouverneure wollen verhandeln, da Herero notwendiges Arbeitsmaterial für künftige Verwendung des Landes sind.
  - Von Trotha denkt, dass Nation taktisch vernichtet werden solle oder operativ mit Detail-Behandlung aus Land ausgewiesen.
    - Bewegliche Kolonnen sollen Wasserstellen besetzen und aus Wüste kommende Hereros aufreiben und vernichten.
      → Truppen in Wüste zu schicken ist wegen Versorgungsengpässen nicht möglich.
  - Weiß nicht wie erfolgreich Truppen beim Besetzen der Wasserquellen sind, um Herero zu verdrängen.
    - Falls erfolgreich werden Herero entweder bis zur Regenperiode in Wüste bleiben, über englische Grenze fliehen oder versuchen Weideplätze gewaltsam zurückzunehmen.
  - Ist nicht befugt ohne kaiserliche Anweisung mit Herero zu verhandeln.
    - Wird Kolonien streng bestrafen, wenn Verhandlungen gestartet. Übernimmt Verantwortung, da keine Befehle vom Kaiser.
  - Hat Erfahrung mit afrikanischen Stämmen, beugen sich nur roher Gewalt, keinen Verträgen.
  - Hat Gefangene nach Kriegsrecht gehängt.
    - Frauen und Kinder mit Proklamation an ihr Volk zurück in Wüste geschickt.
    - Deren Aufnahme ist Gefahr für Truppe, da sie krank sind; deren Versorgung ist unmöglich.
    => Untergang der Nation als richtiger empfunden, als das Unausweichliche unter Verlust von Nahrung hinauszuzögern.
  - Herero müssen in englische Kolonien fliehen oder in Wüste sterben.
  - Aufstand sei Beginn eines Rassenkampfes, welchen er schon 1897 vorausgesagt hatte.
- **Vorgehensweise im Krieg gegen die Herero.**
  - Lösungsvorschlag des Gouverneurs und einiger Afrikaner: Frieden durch Verhandlungen.
  - Lösungsvorschlag des Generals von Trotha: Vernichtung oder Exil, keine Gnade.
    - Gezielte Vernichtung durch militärische Schläge oder Vertreibung aus Land in Wüste.
      → Trockenzeit = Wassermangel, dazu besetzen von Wasserstellen und Aushungern der Herero.
  - Seuchengefahr, Soldaten leben mit Nahrungsminimum, keine Unterscheidung von Mann, Frau und Kindern.
    => Problem: Grenzen zu britischen Kolonien zu überschreiten birgt neue Konflikte der Einheimischen mit Engländern.
  - Wertung als Rassenkampf, Rechtfertigung: Milde = Schwäche, Verträge seien nichtig, da nur Gewalt verstanden werde.
- **1904 Entente Cordiale** zwischen England und Frankreich.
  - Provokative Politik vom Deutschen Reich verhindert Annäherung an England.
    - Durch Ablehnung des Bündnisses vom Deutschen Reich nähert sich England Frankreich an.
      → Beginn der außenpolitischen Isolation des Deutschen Reiches.
- **1904 – 1919 Bau des Panamakanals.**
- **1904/05** Niederlage Russlands im Krieg gegen Japan führt zum Stopp der pazifischen Expansion und verschlechtert wirtschaftliche Lage → Zuwendung an Südeuropa für Mittelmeerzugang.
    - Durch Machtzerfall des osmanischen Reiches wendeten sich Balkannationalstaaten und Österreich-Ungarn dem Balkan zu.
- **1905 Revolution in Russland**, welche der Zarismus nur durch Militär, Völkervertretung und Verfassung überlebte.
- **1905** mehr als 50% der Wohnungen in deutschen Städten hatten nur 1-2 Zimmer und waren

meist überbelegt.

- In Berlin 4 Personen pro Zimmer, meist wurden Untermieter aufgenommen und Betten geteilt, jedoch regionale Unterschiede und zeitliche Besserung.
- **Wohnungsnot** und **Wohnungsproblem** im Kaiserreich zentrales Problem der sozialen Frage.
- 1905 15 Millionen Arbeitstage fallen durch Streiks aus.
- 1905 baute England neuen **Schlachtschiffstyp**, Provokation anderer Großmächte, stiegen in Rüstungswettlauf ein.
- **1905 Erste Marokkokrise.**
- Durch **Entente Cordiale** interveniert Frankreich stärker in Marokko, Deutsches Reich ist dagegen.
- Wilhelm II. stattet Sultan von Marokko einen spektakulären Besuch ab.
- Fordert zur Regelung der Marokkofrage internationale Konferenz.
- **1905 – 1906 Maji – Maji Aufstand** in Deutschostafrika niedergeschlagen.
- Aufstand und Hereroaufstand führten zur kolonialen Neugestaltung vor dem Erstem Weltkrieg.
  - Verwaltungsreformen, geförderte Kolonialwirtschaft, Beachtung und Wertschätzung der traditionellen Ordnung.
  - => Kolonialwirtschaft entfaltete sich, doch stand Neubeginn im Schatten der Gesamtaußenpolitik.
- 1905 – 1916 Interventionen Amerikas in der dominikanischen Republik, Kuba, Nicaragua, Mexiko und Haiti.
- Beispiel für Offiziersrespekt im Kaiserreich: Der Fall **Hauptmann von Köpenick.**
- **1906** Friedrich Wilhelm Voigt, armer Schuster, mehrfach des Diebstahls bestraft, kauft sich gebrauchte Hauptmannsuniform, befehligt auf Straße 10 Infanteristen und marschiert ins Rathaus, verhaftet Bürgermeister und Obersekretär ohne Grund, im Namen seiner Majestät.
- Klaut 4000 Mark und 70 Pfennige, quittiert mit „von Malzahn".
  - „Von" im Namen, zeigt adelige Abstammung, Adel damals im Militär bevorzugt.
- Polizei beobachtet dies, unternimmt nichts, hilft auch noch → Gauner erst 10 Tage später gefasst.
- **1906 Konferenz von Algeciras.**
- Marokkofrage wird beigelegt.
- Außenpolitische Isolation des Deutsche Reiches wird deutlich, da es nur noch Österreich unterstützt (**Nibelungentreue**).
- **1906 Leutwein schildert seine Erfahrungen in Deutschsüdwestafrika (542/M6).**
  - War Gouverneur von Deutschsüdwestafrika von **1894 – 1905.**
- Es gibt 3 wirtschaftliche Werte einer Kolonie: Bergbau, Viehzucht und eingeborene Arbeiter.
  - Deutschland hat Viehzucht völlig zerstört, eingeborene Arbeiter zu 2/3.
- Um wirtschaftlichen Nutzen einer Kolonie zu erhalten, müssen Überlebende erhalten und Zufrieden gestellt werden.
  - Eingeborene nicht in Reservate einsperren, sondern ihnen (neues) Land geben und Landverkauf verbieten.
- Eingeborenenregierung ist für Wohlverhalten der Eingeborenen gegenüber Weißen zu errichten.
  - Schutz von Leben und Eigentum wie im Vaterland konnte nur garantiert werden wegen Eingeborenenregierung.
  - Eingeborene lassen sich lieber von ihresgleichen regieren als von Weißen.
- Isonomie für beide Rassen gefordert, dennoch soll Richter über Glaubwürdigkeit der Aussagen entscheiden.
  - Eingeborene dürfen Weiße nicht richten.
- Stämme sollen entrechtet werden, nicht Individuen, weil Ruf als gesittete Großmacht zum Schutz der Schwachen wichtig ist.

13

- Nur Zwang zur Arbeit ist erlaubt, sollte aber durch Abgaben an Staat ausgeglichen werden.
  - Herkunft des Geldes interessiert dabei nicht.
- **Richtlinien zum Umgang mit den Eingeborenen:**
  - Eingeborene erhalten und zufrieden stellen. So viel Land wie nötig, aber nicht mehr als Bedarf geben.
  - Eingeborenenregierung → Für Wohlverhalten der Ureinwohner gegenüber der weißen Regierung => Identifikation.
  - Schutzgebiet für Leben und Eigentum, Gleichstellung beider Rassen vor Gericht.
    - → Eingeborener nie über Weißen richten.
    - → Weißer Richter darf Aussagen beurteilen, wird Weißen immer bevorzugen.
  - Entrechtung der Stämme führt nicht zur Entrechtung der Individuen.
  - Arbeitspflicht und Steuerpflicht sollen Staatsverwaltung erhalten.
- **Berufsmöglichkeiten der Frauen steigen, sind aber trotzdem aussichtslos.**
- **1907** arbeiteten 70% der unverheirateten, 26% der verheirateten Frauen.
- Löhne der Frauen waren oft bei gleicher Arbeit niedriger als des Mannes.
- Frauen aus Unterschicht arbeiteten in Produktion.
- Frauen aus Mittel- und Oberschicht arbeiteten als Lehrerinnen, mussten jedoch unverheiratet bleiben.
- Frauen durften weder studieren noch Abitur abschließen, Mädchenschulen bereiteten nicht auf Berufsleben vor, auf Haushalt.
- **1907** Deutsches Reich war von **Triple Entente** isoliert.
- Englisch-russischer Interessenausgleich als geplante Einkreisung des Deutschen Reiches interpretiert.
- Imperialismus, Hochrüstung und interne Spannungen in Europa weit verbreitet.
- Krisen, deren Ursachen im Balkan lagen (**Pulverfass Balkan**) und imperialistische Politik treiben Europa hin zum Krieg.
  => **Nationalismus** und **psychologische Bereitschaft Krieg in Kauf zu nehmen** steigen!
- **Rüstungswettlauf** wird angetrieben, deutsche Flottenpolitik belastet Verhältnis zu England.
  - England tröstet sich damit, dass Deutsches Reich **1911** nur 16 Großkampfschiffe besitzt, selbst aber über 20.
  - Deutsches Reich verfolgt beim Aufrüsten der Flotte **Risikotheorie des Admirals von Tirpitz**.
    - Deutsche Flotte soll so stark sein, dass Angriff darauf für jede Flotte ein Risiko darstellt.
  - England verfolgt beim Aufrüsten der Flotte **Two-power-standard Theorie.**
    - Englische Flotte soll so stark sein, wie Flotte der zweit- und drittmächtigsten Weltmacht zusammen.
- **1908 Reichsvereinigungsgesetz** erlaubt Frauen Eintritt in Parteien.
- Beginn war zaghaft, jedoch hatten Frauen später ihre Präsenz in der Politik ausgeweitet.
- Preußen erlaubt Frauen Universität zu besuchen.
- Deutschem Reich bleibt nur noch Österreich-Ungarn als zuverlässiger Bündnispartner (= **Nibelungentreue**)
- Dessen Interesse auf Balkan und daraus resultierende Spannungen mit Russland machen es zum problematischen Partner.
- **1908 Bosnische Krise.**
- Jungtürkische Revolution führt zu inneren Unruhen in Türkei.
  - Österreich annektiert Bosnien und Herzegowina, zuvor nur Besatzungsrecht.
    - Das mit Russland verbündete Serbien wehrt sich, weil es zum Kristallisationspunkt des slawischen Nationalismus' wird.
  - Österreich erwägt Serbien Krieg zu erklären.
    - Durch innere Unruhen und Niederlage gegen Japan ist Russland geschwächt und will Krieg verhindern.

- Donaumonarchie verhindert mit deutscher Hilfe Eingreifen Russlands.
=> Serbien muss widerwillig Annexion Bosniens anerkennen.
- **17. Dezember 1908 Tirpitz an Reichskanzler Bülow (DR4)**
- Angst und Erwartung eines englischen Angriffes, nur mit Flotte kann Angriff der Engländer entgegengewirkt werden.
- **1909** gesellschaftliche und politische Spannungen nehmen zu, breiten Imperialismus indirekt aus.
- Interessenverbände (*Alldeutscher Verband, Deutscher Kolonialverein*) entwerfen expansive Programme.
  - Bürgerliche und konservative Parteien zu vereinen, entgegenwirken der antiimperialistischen Sozialdemokratie versucht.
- Wilhelm II. verkörperte illusionären Imperialismus in Mischung aus Reizbarkeit und Empfindung einer Einkreisung in Welt voller Feinde.
- **1910** Weniger als 50% der Deutschen lebt auf Land => Mehrzahl der Menschen lebt in Städten.
- 7 Millionen Arbeitstage fallen durch Streiks aus.
- **1911 Zweite Marokkokrise.**
- Deutschland interveniert gegen französische Besetzung von Fes und Rabat.
  - Entsendet demonstrativ das Kanonenboot Panther nach Agadir => **Panther-Sprung.**
    - Drohgebärde soll französisches Kongogebiet für Deutsches Reich gewinnen.
    - Frankreich lässt sich nicht einschüchtern und lehnt mit Unterstützung von England ab.
- England sprach sich gegen deutsche Gebietsansprüche im Kongo aus.
=> **Marokko-Kongo-Vertrag:** Deutsches Reich erreicht nur kleine Erweiterung von Deutsch-Kamerun auf Kosten Frankreichs und muss französisches Protektorat über Marokko anerkennen.
=> Deutsches Reich hat durch Verhalten wieder Misstrauen geweckt ohne großen Vorteil zu erringen.
- **Grundsätze der Sozialpolitik im Deutschen Reich bis ins 20. Jahrhundert:**
- Arbeiter wurden staatlich gezwungen Versicherungen beizutreten und selbst zu verwalten.
- Ursachenprinzip: Leistung der Versicherung misst sich nicht mehr am Vermögen der Versicherten.
- Viele Versicherungsgesellschaften entstanden um Monopolen entgegenzuwirken und Sicherung in Pleitezeiten zu garantieren.
- **1911 Reichsversicherungsordnung** versichert Grundsätze der Sozialpolitik.
- Zahl der Versicherten stieg von 1885: 4,3 Mio. auf 13,3 Mio. im Jahre 1911.
- Leistung der Versicherungen hat sich beinahe verachtfacht.
- **Landesversicherungsanstalten** bauten Erholungsheime, Kinderheime, Kuraufenthalte und sogar vorbeugenden Impfschutz.
- **19. Jahrhundert** Durch Impfschutz wurden epidemische Infektionskrankheiten erheblich eingeschränkt.
- Ausbau/ Aufbau der Städte war durch **Industrialisierung** geprägt.
  - Sparkassen in Städten, Raiffeisenkassen auf Land tragen zur Erhaltung der Volksgesundheit bei, steigern Volkseinkommen.
- **1911** Deutsches Reich hat nur 16 Großkampfschiffe, England selbst über 20.
- **1912** Erste Straßendemonstration in München für Frauenrechte, nur Sozialdemokraten für Frauenwahlrecht.
- Frauenwahlrecht im Deutschen Reich als nicht wichtig angesehen, weshalb nicht behandelt.
- **1912** SPD erhält 4 Mio. Stimmen, stellt 112 Abgeordnete (darunter Ebert) und wird stärkste Kraft im Reichstag.
- **1912 – 1913 Balkankrise.**
- Italienisch-türkischer Krieg um Tunesien von Balkanstaaten genutzt um türkische

Balkangebiete anzugreifen.
- Balkanbund zwischen Griechenland, Serbien und Bulgarien bildet sich, von Russland unterstützt.
  - Wollen Thrakien, Albanien und Makedonien befreien.
- Österreich will keine Vergrößerung Serbiens hinnehmen.
- Deutschland kann England, Österreich und Russland davon abhalten sich gegenseitig zu bekriegen.
  => Es wird offenkundiger, dass Balkan eine extreme Krisenanfälligkeit besitzt.
  => Durch Niederlage verliert osmanisches Reich europäische Besitztümer.
- Verstärkte **Rüstungsanstrengungen** beginnen und europäischer Krieg vom Volk fast schon „gefordert."
- **1913** Bebel, der Kopf der Sozialdemokratie, stirbt und wird wie ein König zu Grabe getragen.
- **1913** Aufstieg Eberts zum Vorsitzenden der SPD.
- Zaristisches Russland ist größtes und bevölkerungsreichstes Land Europas.
- **Vor 1914** galt Russland als eines der wirtschaftlich, politisch und gesellschaftlich rückständigsten Länder Europas.
- Volk hatte nur wenig Mitspracherecht in Politik, 80% der Bevölkerung Bauern, Leibeigenschaft der Bauern erst spät aufgehoben, Landwirtschaft unproduktiv, Industrie erst am wachsen.
- **1914** BDF hat bereits 250.000 Mitglieder.
- Durch Ersten Weltkrieg sind Frauen gezwungen Männerarbeit zu verrichten.
- Bis zum Ersten Weltkrieg ist USA Weltpolizei.
- Präsidenten wollten nationalen Interessen wahren, wobei *militärische Sicherheitsüberlegungen, wirtschaftliches Profitstreben* und *subjektive Gesichtspunkte* miteinander verschmolzen.
- **28. Juni 1914 – 8. August 1914 Julikrise.**
- **28. Juni 1914** Österreichischer Thronfolger Franz Ferdinand und Ehefrau in Sarajevo erschossen.
- Mörder war serbischer Nationalist, von großserbischer Geheimgesellschaft ohne Kenntnis der liberalen Regierung beauftragt.
- Mörder richtet sich gegen Politik Österreichs, welche Stärkung von bosnischen und herzegowinischen Gruppen vorsah.
  → Sollte die Donaumonarchie festigen, wird aber <u>**Auslöser des Ersten Weltkrieges**</u>.
- Bietet Anlass mit Serbien abzurechnen, da für viele Österreicher Dorn im Auge, dort slawischer Nationalismus am wachsen.
- Des Weiteren würde Zerstörung Serbiens Österreich und damit auch dem Deutschen Reich den Weg zum Bosporus eröffnen, wo das Deutsche Reich bereits erheblichen Einfluss hat (Bagdad Bahn).
  - Jedoch Russland mit Serbien verbündet und wird Zerschlagung Serbiens entgegenwirken wollen.
- **Im Juli 1914** fahren viele Menschen an beliebte Badeorte → Kein großer Konflikt in Aussicht.
- Am Ende des Monats wird Urkatastrophe, Erster Weltkrieg, beginnen, beendet lange Friedenszeit in Europa.
- Alle weiteren Katastrophen des **kurzen 20. Jahrhunderts** nahmen daraus ihren Ausgang.
  - Vom **Kriegsausbruch 1914** bis **Zerfall der Sowjetunion 1991.**
- Erster Weltkrieg leitete **Katastrophenzeitalter** bis Ende des Zweiten Weltkrieges ein.
- Drei herrschafts- und gesellschaftspolitische Ordnungsvorstellungen standen sich gegenüber
  - *Sozialismus.* **Oktoberrevolution 1917** bringt Sozialismus nach Russland und **endet 1991.**
  - *Faschismus.* Deutschland, Italien und andere europäische Länder bilden faschistische Systeme. **Deutscher Nationalismus endet 1945** durch Demokratie, größte Verbrechen wie *Shoa* begangen.

- → Markant, dass Kommunismus und Kapitalismus den Faschismus gemeinsam besiegten.
- *Demokratie.* **1917 – 1942 enden viele Demokratien.** Nur wenige europäische Staaten und USA behalten sie. Demokratien behauptete sich trotz Wirtschaftskrisen und Drohungen durch autoritäre Regimes (Faschismus).
- **6. Juli 1914** Wilhelm II. und Bethmann Hollweg warnen Russland davor Serbien zu verteidigen.
- Mit **Blankovollmacht** unterstützt Deutsches Reich seinen Bündnispartner Österreich-Ungarn.
- Sofortiges Einschreiten als radikalste und beste Lösung empfunden.
- **6. Juli 1914 Wilhelm II. an Kaiser Franz Joseph über die Blankovollmacht (1WK/1).**
- Deutschland wird Bündnispflichten nachkommen und altem Freund treu zur Seite stehen, Hinweis auf Blankovollmacht (4).
- Attentat in Sarajevo wirft neues Licht auf Balkanstaaten, offenbart das Gefahrenpotenzial.
- Tat wird als Angriff auf Monarchie gewertet, es ist die Pflicht jeder Monarchie zu helfen um die Kulturstaaten zu erhalten.
- → Rechtfertigt Krieg durch akute Gefahr für alle Nationalstaaten (12f.).
- Südliche Grenzen Österreich-Ungarns müssen vom schweren Druck befreit werden.
- Deutsches Reich nimmt Konflikt mit Russland in Kauf (17f.).
- **23. Juli 1914 österreichisches** Ultimatum an **Serbien.**
- War zuerst unentschlossen, doch von **Deutschland** gedrängt, Aufklärung des Mordes, Unterbindung antiösterreichischer Aktionen gefordert.
- Attentat sollte innerhalb von 2 Tagen aufgeklärt und großserbische Bewegung verfolgt werden.
- **25. Juli 1914** Antwortschreiben **Serbiens** um den Krieg aufzuhalten.
- Botschafter liest Brief nicht und bricht diplomatische Beziehungen ab.
- **Österreich** mobilisiert Truppen, obwohl **Serbien russische** Hilfe bekommen wird.
- **England** versucht **Deutschland** zu überzeugen, **Österreich** zur Besinnung zu bringen und zu beruhigen.
- **25. Juli 1914** 15 Uhr Mobilmachung **Serbiens**; 21 Uhr Teilmobilmachung **Österreichs.**
- **26. Juli 1914** Kriegsvorbereitungen **Russlands.**
- **28. Juli 1914 Österreich** erklärt **Serbien** den Krieg.
- **29. Juli 1914** Teilmobilmachung **russischer** Truppen.
- **30. Juli 1914** Gesamtmobilmachung **Russlands.**
- **30. Juli 1914 Frankreich** mobilisiert Grenzschutz.
- **31. Juli 1914** Gesamtmobilmachung **Österreichs.**
- **31. Juli 1914 Deutsches** Ultimatum an **Russland.**
- Unerfüllbare Forderung nach Rückgängigmachung der Mobilmachung binnen 12 Stunden, bleibt unbeantwortet.
- **31. Juli 1914 Frankreich** von **Deutschland** zur Neutralität aufgefordert.
- **Deutsches** Ultimatum an **Frankreich** wurde nicht zufriedenstellend beantwortet.
- **31. Juli 1914** 19 Uhr **Mobilmachung Belgiens.**
- Liegt zwischen Interessen von **Frankreich** und **Deutschland.**
- **Ende Juli 1914** Kriegsgottesdienst im Reichstagsgebäude abgehalten worden.
- **1. August 1914** 16.30 Uhr Mobilmachung **Frankreichs**; 17 Uhr Mobilmachung **Deutschlands.**
- **1. August 1914** Kriegserklärung **Deutschlands** an **Russland.**
- **Deutschland** riskierte *Zweifrontenkrieg.*
- **1. August 1914 England** ordnet Mobilmachung der Flotte an.
- **2. August 1914 deutsche** Truppen besetzen **Luxemburg.**
- **3. August 1914** Kriegserklärung **Deutschlands** an **Frankreich.**
- → **Italien** erklärt Neutralität.
- **4. August 1914 Deutsche** Truppen marschieren in **Belgien** ein.

- **4. August 1914** Kriegserklärung **Englands** an **Deutschland**.
- Fehlende diplomatische Verhandlungen (Konferenzen) veranlassen **England** zum Krieg.
- **Deutschland** verstieß, mit Marsch durch **Belgien gegen Internationales Recht**.
- Ursache war **deutsches** Verhalten, hoffte bis zuletzt auf **englische** Neutralität.
- => **Deutsche** Politik treibt kriegerische Konfrontation der Großmächte voran, welche mit allen technischen Mitteln vorangetragen wurden.
- **6.August 1914 Österreich** erklärt **Russland** und Westmächten Krieg.
- **Deutschland** drängte **Österreich** zu Kriegserklärungen, schnelles Kriegsende wurde angestrebt.
- **Versäumnisse in Julikrise.**
- Zeitfaktor: Ereignisse überschlagen sich (zeitgleich Urlaubszeit) und keine ausreichenden Bemühungen für diplomatische Lösungen unternommen (Konferenzen).
- England unterstellte Deutschland trotz Blankovollmacht Friedenswillen.
- England bestärkt deutsche Reich indirekt, da keine Antwort auf mögliche Neutralität gegeben.
- Wirkung der russischen Mobilmachung wurde unterschätzt.
- **Fehler auf deutscher Seite.**
- Blankovollmacht an Österreich-Ungarn.
- Mangelnde Vermittlungsbemühungen, statt dessen Unterstützung von Österreichs harten Kurs gegen Serbien.
- Untragbare / unrealistische Forderungen an Frankreich und England neutral zu bleiben.
- Verletzung der Neutralität / Souveränität Luxemburgs und Belgiens durch Einmarsch (nach Schlieffen-Plan) und Besetzung.
- **Allgemeines Problem der Zeit.**
- Krieg galt als legitimes Mittel der Krisenbewältigung (Militarismus in Europa).
- Bevölkerung war leicht reizbar (Bsp. Duelle, Forderungen nach Genugtuung).
- Erster Weltkrieg erhöht Produktion Amerikas.
- Boom hält durch Schuldentilgungen der Engländer und Franzosen weiter an.
- => USA produziert 43% aller Industriegüter der Welt.
- USA auf dem Weg in **Wohlstandsgesellschaft**.
- **Massenkonsumgesellschaft** durch technologische Innovationen und gestiegene Kaufkraft.
- *„American Way of Life"* entwickelt sich und bestand im Erwerb von technischen Innovationen für Haushalt (Waschmaschine, Kühlschrank, Bügeleisen und Staubsauger).
- **Schlieffen-Plan:** Schneller Sieg im Westen um **Zweifrontenkrieg** vorzubeugen, **Vorwärtsverteidigung.**
- Umgehen der französischen Verteidigungslinien über neutrales Belgien.
  - Internationalen Rechtsbruch und Protest Belgiens hingenommen.
  - => Angriff bleibt stecken, **Stellungs-** und **Materialkrieg** beginnt.
- Kriegseuphorie in Öffentlichkeit bis zur Vorstellung eines notwendigen Stahlbades (etwas, das stärken wird) der Nationen.
- Militärische, schwerindustrielle, politische Interessen und imperialistische Propaganda in Medien, Literatur und Kunst.
- Widerstand nur von Intelligenz und internationaler Arbeiterschaft.
- Nationalismus und allgemeine Kriegseuphorie zogen kriegsbereiten Massen in Kampf.
- Krieg sei aufgezwungen, verteidige eigenes Land und Interessen.
- Massenmobilisierung und Industrialisierung entfachen Krieg in ungeahntem Ausmaß.
- Massenheere zogen in Krieg ohne Entscheidung zu bringen.
- 13 Millionen Deutsche eingezogen, 6 Millionen verwundet oder tot.
- **Deutsche Truppen an Ostfront können sich behaupten.**
- **1914 Tannenberg Offensive.**
- Hindenburg verteidigt preußisches Kerngebiet vor Russland und wird in konservativen Kreisen

beliebt.
- **1914** Türkei tritt Krieg auf Seiten der Mittelmächte bei.
- Krieg lenkte anfangs durch Euphorie und Erfolge von aktuellen Problemen ab → **Burgfrieden.**
- Sozialdemokraten stimmten Kriegskrediten nur zu, da Hoffnung auf Mitsprache / Einfluss in Politik nach Kriegsende.
- Kriegsmächte erwarteten schnellen Kriegsverlauf zu eigenem Vorteil → **Siegfrieden.**
- Man dachte laut über Kriegsziele nach.

Kriegsziele Mittelmächte (Deutsches Reich und Österreich-Ungarn)	Kriegsziele Ententemächte (England, Russland und Frankreich)
Kontrolle über Belgien. Annexion Lüttich-Antwerpens, flandrischer Küste und Erzbeckens von Briev. Wirtschaftliche Einheit Mitteleuropas. Vergrößerung des Kolonialbesitzes. Aufständen in britischen Kolonien fördern. Selbstständiges Polen. Russischen Revolution fördern.	Verzicht auf Friedensverträge. Militärische Zusammenarbeit. Konstantinopel und Umgebung an Russland. Deutsche Kolonien an England. Elsass-Lothringen an Frankreich. Türkei zwischen England und Frankreich aufteilen. Neutrale Rheinrepublik der linksrheinischen Gebiete. Ausweitung der russischen Westgrenze.

- **Kriegsmaschinerie** wurde in 4 Jahren Krieg rasant entwickelt.
- **Massenvernichtungswaffen** änderten Bild des Krieges
- Artillerie mit *Minenwerfern* und *Mörsern*, *Maschinengewehre* und *Panzer* eingesetzt, Marine hat größere *Schlachtschiffe* und erste *U-Boote*, Luftwaffe mit *Bomben* und *Jagdflugzeugen*, Chemische Kriegsführung mit *Giftgas*.
  => Vernichtungspotenzial führte zu <u>Massensterben</u> und <u>Zerstörung</u>.
- Erstmaliger Einsatz von U-Booten verschaffte Deutschland anfangs Erfolge.
- **Kampf um Verdun** brachte 300.000 Tote => Offensiven nutzlos und zu riskant.
- **September 1914** Deutsche Armee steckt an Marne fest.
- 800km lange Schützengräben und Unterstände auf beiden Seiten gebaut, durch Artilleriebeschuss und Giftgas hohe Verluste.
  => Schlieffen-Plan scheiterte.
- **1915** begann **Stellungskrieg** an deutscher Ostfront.
- **1915** Deutsches Reich setzt zum ersten Mal im Krieg Giftgas ein.
- Dadurch Verletzungen an eigener Truppe, ethische Grundsätze spielen keine Rolle.
- Frontsoldat beschreibt Krieg als maschinenmäßig, Industrie des gewerbsmäßigen Menschenschlachtens.
- **1915** Bulgarien tritt Krieg auf Seiten der Mittelmächte bei.
- **1915** Italien tritt Krieg auf Seiten der Ententemächte bei.
- **1916** Rumänien tritt Krieg auf Seiten der Ententemächte bei.
- **1916 Seeschlacht von Skagerrak** vom Deutschen Reich gewonnen.
- Deutsches Reich konnte englische Seeblockade aber nicht beenden.
- Neuartige Kriegsführung veränderte Leben der Zivilbevölkerung → **Heimatfront.**
- Wegen **Rohstoffmangels** wurden Schulkinder zu <u>Sammelaktionen</u> angehalten, Bevölkerung wurde aufgerufen, Kriegsanleihen zu kaufen, Versorgungsengpässe führen zu Bewirtschaftungspolitik.
- Lebensmittelzuteilungen eingeführt, Hamsterkäufe und Schwarzmarkt verboten.
  => Tägliches Leben von Mangelsituationen geprägt.
- **Unterschied zu vorigen Kriegen.**
- Wehrpflicht anstelle der Berufsheere.
- Wirtschaft wurde völlig auf Krieg umgestellt.
- Heimatfront involvierte auch Zivilbevölkerung.

- **1916 Offensive an Somme** der Ententemächte brachte hohe Verluste → Kaum Geländegewinne.
- **Ab 1916** mehr Macht der „**Obersten Heeresleitung**" (OHL) mit Hindenburg und Ludendorff an Spitze.
- OHL setzt sich über Reichsregierung und Parteien, will Krieg siegreich beenden.
- **Dezember 1916** Deutsche Unbestimmtheit lässt amerikanische Friedensinitiative ins Leere laufen.
- **1916/17** Hungerwinter durch englische Seeblockade.
- Abhängigkeit vom Weltmarkt und Mobilisierung aller Ressourcen für Front führen zu Lebensmittelengpässen.
- **Januar 1917** Wilsons Friedensappell an Deutschland bleibt unbeachtet.
- Wegen Forderung nach Frieden spaltet sich **Spartakusbund** von SPD ab.
- **1917** Parlamentsmehrheit beschließt Friedensresolution im Deutschen Reich.
- Konservative erhoffen sich noch Sieg und suchen nach neuen Kriegszielen.
- SPD, Gewerkschaften, Zentrum und Liberale fordern Ende des Krieges und Demokratisierung der Politik.
- **1917 Erster Weltkrieg** führt zur Schwächung russischer Autorität, Versorgung und Wirtschaft in Städten brach zusammen.
- **1917 Februarrevolution in Russland.**
- Massendemonstrationen und Streiks zwingen Zar zum Abdanken.
- Provisorische Regierung aus Adel und Bürgertum entstand, Arbeiter-, Bauern- und Soldatenräte kontrollierten Regierung.
- Kontrollräte fordern Kriegsende, Bodenreform, Arbeiterkontrolle und Einberufung einer verfassungsgebenden Versammlung.
- Regierung wollte eigentlich westliche Reformen, in Regierung gaben Kräfte Macht an Bürger.
- Regierung geht aktuelle Probleme aber gar nicht an.
- Keine Bodenreform um Adel nicht zu verärgern.
- Kein Kriegsende um Alliierten nicht zu verärgern.
  => Deshalb gewinnt Lenins Partei immer mehr an Macht.
- Lenin fordert Revolution für April und setzt Land und Frieden in Mittelpunkt seines Parteiprogramms.
- **6. April 1917 Kriegsbeitritt der USA auf Seiten der Ententemächte.**
- Wandel amerikanischer Außenpolitik durch Kriegsbeitritt.
- Provoziert von uneingeschränktem U-Bootkrieg und deutschen Angriffen auf amerikanische Handels- und Passagierschiffen.
- Überzogene Kriegsziele der Ententemächte veranlassen USA's Beitritt, damit sie an Nachkriegsordnung mitwirken können (→ Interessenwahrung).
- Deutsches Reich, Österreich-Ungarn und Russland wirtschaftlich nicht auf solchen Krieg vorbereitet.
- USA tritt Krieg bei und besiegelt Niederlage der Deutschen => Erster Weltkrieg ist Akt der Selbstzerstörung.
  => Markiert Ende der von Europa bestimmten Geschichte.
- **September 1917** Lenin gewinnt Mehrheit der Sowjets (Ratsmitglieder).
- **Oktober 1917 Oktoberrevolution** in Russland wegen innenpolitischer Konflikte.
- Prägende Kraft der Oktoberrevolution war russische Arbeiterbewegung, als Teil der internationalen Arbeiterorganisation.
- Teilung der Zeitgenossen in **sozialistischen** (Zerfall des Kapitalismus abwarten) und **kommunistischen** Flügel (Sozialismus mit Gewalt herbeiführen).

- Russland erhob Anspruch große Utopie zu sein, welche Ausbeutung überwunden hatte, Leben ohne Mangel ermöglicht.
- Selbstverständnis der russischen Revolution beruht auf Lehre von Marx und Engels, welche Lenin zum Marxismus-Leninismus weiterentwickelte.
- Kern der Lehre bleibt **historischer Materialismus.**
- Gesellschaft entwickelt sich immer weiter, von Urgesellschaft über Feudalismus zum Kommunismus als Zustand ohne Unterdrückung und ökonomischen Überfluss. Außer Urgesellschaft und Kommunismus sind Gesellschaftsformen von Gegensätzen der Unterdrücker und Unterdrückten gezeichnet.
  - Unterdrücker besitzen Produktionsmittel und Produkte, Unterdrückte besitzen bestenfalls Konsumgüter
    => Deshalb weniger Lohn gezahlt, als ihre Arbeit wert ist.
- Gesellschaftsform ändert sich nur durch Revolution, in welcher unterdrückte Klasse zur herrschenden wird.
  - Bürgerliche Revolution gegen Adel führte zur Herrschaft der Bourgeoisie und Ausbeutung des Proletariats im Kapitalismus.
    => Marx und Engels sahen historische Aufgabe des Proletariats darin, Revolution zu starten und Kontrolle über Produktionsmittel zu übernehmen → Voraussetzung für klassenlose Gesellschaft.
- **Leninismus** konkretisiert Marxismus in 3 Richtungen.
- 1. Lenin bezog Lehre auf das bäuerliche, wenig industrialisierte Russland.
- 2. Kaderpartei entwickelt, welche straff geführt die Gesellschaft auf eine sozialistische Revolution vorbereiten sollte.
- 3. Staatstheorie entwickelt. Macht sollte vom Volk direkt gewählten und kontrollierten Räten, ausgehen.
  => Marxismus-Leninismus in Partei Bolschewiki verbreitet, welche Oktoberrevolution durchführte.
- Lehre Lenins wurde zur Staatsideologie in Sowjetunion.
- Freie Marktwirtschaft wurde abgeschafft, Staat besitzt alle Produktionsmittel, legt Löhne fest, bestimmt Art und Umfang der Produktion und legt Preise fest. Ermittelt an Hand gesellschaftlicher Bedürfnisse.
- **Grundelemente des Selbstbildes der Sowjetunion.**

Sowjetunion war Überzeugung, dass			
eigene Politik anderen überlegen ist und zum Kommunismus wird.	Parteielite Staatspolitik aus historischem Materialismus ableiten kann.	eigene Politik fortschrittlicher als zerfallender Kapitalismus ist.	menschliche Opfer und Zwangsmaßnahmen vertretbar seien.

→ Selbstbild wurde zum Dogma.
- Heutzutage unklar, wie viele Menschen von Ideologie überzeugt waren und ob damit nur Diktatur legitimiert wurde.
  => Geschichte der Sowjetunion ist Geschichte der Verfolgung innerer Feinde.
- Revolution brachte wichtiges europäisches Bollwerk des Absolutismus zu Fall.
- Neuartige Gesellschafts- und Wirtschaftsordnung, welche effektiverer Weg aus wirtschaftlicher und politischer Rückständigkeit als kapitalischen, parlamentarischen Demokratien war, entstand.
- Westliche Demokratien sahen sich von Sowjetunion bedrängt.
- Sahen sozialistische Parteien als Arm der Sowjetunion an.
- Bekämpften Sowjetunion zuerst mit militärischen Mitteln, dann mit Diplomatie und

Propaganda.

=> Sowjetunion blieb grundsätzliche Alternative zum liberal-demokratischen Westen.

*   Kommunismus unter Lenin wird *linker Politikentwurf* genannt.
*   Zeitgleich bildet sich *rechter Politikentwurf*, der Faschismus.
*   Nationalsozialismus ist herausragende Ausprägung davon.
*   Faschismus in Italien und Sozialismus in Russland beruhen auf Verwerfungen im Ersten Weltkrieg.
*   Demokratische Tradition in Amerika ist älteres System.
*   Selbstverständnis Amerikas begründet sich auf Besiedlungsphase der 13 neuenglischen Kolonien.
*   Kaufleute, Händler, Landwirte und Bauern kamen wegen politischer Verfolgung oder Religionsfreiheit.
*   Amerikanischer Traum versprach bessere Verhältnisse. Viele Menschen mit unterschiedlichsten Kenntnissen, Fähigkeiten, Berufen und Konfessionen treffen aufeinander => Fordert Toleranz.
*   Bedürfnis nach individueller Freiheit und rechtsstaatlichen Garantien entstand durch Flucht und Notwendigkeit von Schutz.
    *   → **Bürger-, Grund- und Menschenrechte** wurden verfasst und staatlich garantiert.
*   Demokratische Versammlungen in Amerika bestimmten Gesetze und Steuern, Indianer und Afrikaner ohne Mitspracherecht.
*   **Grundprinzipien der amerikanischen Identität:**
*   USA ist Demokratie, Macht liegt beim Volk, wird von gewählten Vertretern ausgeübt. Herrschaft der Gesetze aus Verfassung.
*   USA bedeutet Freiheit vor Bevormundung, Freiheit der Einzelnen gegenüber Staat.
*   USA ist föderaler Staat mit zentralem Körper und territorialer Einheit, Gewaltenteilung.
*   Individualismus; gesellschaftliche Position durch Leistungsfähigkeit und Leistungsbereitschaft bestimmt, beeinflusst von calvinistischer Ethik, welche Leistung und Erfolg als Ausdruck göttlicher Gnade ansieht. Luxus ist verpönt, Besitz zeichnet Person aus, daher Schutz vor Raub sehr wichtig.
*   Bereitschaft Menschen zu akzeptieren trotz Andersartigkeit => Grundlage zur *„nation building"*.
*   **Fortschrittsglaube**; Außerwähltheits- und Sendungsbewusstsein, Amerika sei neues Jerusalem.
    Frontier-Mythos: Streben nach immer neuen Zielen, sozialer Aufstieg und Vervollkommnung der Gesellschaft.
*   **24. und 25. Oktober 1917** Sowjets stürmen Winterpalais, Regierungssitz des russischen Zaren.
*   **25. Oktober 1917 Gesamtrussische Konferenz beschließt folgende Anträge:**
*   Friedensverhandlungen ohne Gebietsabtretungen oder Entschädigungen.
*   Bodenreform (Enteignung des Adels, Boden an Arbeitswillige geben).
*   Provisorische Regierung unter Lenin (Rat der Volkskommissare) bis verfassungsgebende Versammlung einberufen wurde.
*   **29. Oktober 1917** Dekret über Achtstunden – Arbeit von Bolschewiki erlassen.
*   **2. November 1917** Deklaration der Recht der Völker.
*   **10. November 1917** Aufhebung des Ständesystems in Russland.
*   **14. November 1917** Arbeiterkontrolle der russischen Betriebe.
*   **12. November 1917** Verfassungsgebende Volksversammlung in Russland tritt zusammen.
*   **14. Dezember 1917** Nationalisierung der russischen Banken.
*   **16. Dezember 1917** Demokratisierung der russischen Armee.
*   **18. Dezember 1917** Gleichberechtigung der Frau in Russland.

- Viele Frauen unter dem Deckmantel der Gleichberechtigung ausgebeutet.
=> Umsetzung revolutionärer Beschlüsse erwies sich als schwierig und schuf neue Probleme.
- **1917** spaltet sich die SPD in zwei Flügel auf: MSPD (Mehrheitssozialdemokraten) und USPD (Unabhängige).
- **8. Januar 1918 14 Punkte Katalog von Präsident Wilson verfasst (38).**
    1. Offene Politik, keine Geheimdiplomatie mehr.
    2. Freiheit für Schifffahrt im Krieg und Frieden, außer Gewässer werden als Druckmittel für Verträge abgesperrt.
    3. Wirtschaftliche Freiheit innen- und außenpolitisch für alle Nationen, die Frieden zustimmen.
    => Soll Wohlstand der Staaten, besonders des Exportlandes USA stärken.
    4. Rüstung soll nur zur Selbstverteidigung dienen, daher sehr gering.
    => Soll erneute Angriffe verhindern, aber trotzdem Schutz bieten.
    5. Freie, unparteiische Ordnung der Kolonialgebiete unter Großmächten, aber mit Beachtung der einheimischen Interessen.
    6. Räumung aller ehemaligen russischen Gebiete, Anerkennung der russischen Staatsform, Zusammenarbeit und Zusammenhalt fördern => Aufnahme in Gesellschaft freier Nationen gewährleisten.
    7. Belgiens Souveränität wiederherstellen.
    => Soll Vertrauen der Nationen in internationale Gesetze wiederherstellen und stärken.
    → Ohne dies bleibt Gültigkeit und Struktur internationaler Gesetze für immer geschädigt.
    8. Französische Gebiete sollen geräumt und wiederaufgebaut werden, zur Wahrung des Weltfriedens soll Elsass-Lothringen zu Frankreich gehören.
    9. Italiens Grenze soll Italiener einschließen, keine fremden Völker => Selbstbestimmungsrecht der Völker.
    10. Vielvölkerstaat Österreich-Ungarn soll aufgelöst werden.
    11. Rumänien, Montenegro und Serbien sollen befreit werden, letzteres Zugang zum Meer.
    12. Türkischer Teil des osmanischen Reiches soll autonom werden, genau wie andere Völker; Bosporus für alle Nationalitäten geöffnet.
    13. Autonomes Polen mit Meereszugang, durch internationale Verträge gesichert.
    => Soll polnische Bevölkerung von weiteren Aufständen abhalten.
    14. Staatenbund soll durch Bündnisse entstehen, welcher für Frieden und Einhaltung der politischen Garantien einsteht.
    Soll nationale Unabhängigkeit aller Staaten verteidigen; USA ist „intimer Genosse" aller Imperialismusgegner.
    Verfolgt keine weiteren Interessen als Friedenssicherung.
    => Interessenwahrung Amerikas, Scheinheiligkeit, da selbst Imperialismus betrieben.
- Verluste, Stellungs- und Materialkriegserfahrungen sowie nationale Mangelsituation führten zu Friedensaktionen und Streiks.
- **Januar 1918** 400.000 Demonstranten fordern in Berlin den Frieden.
- Staat stellt dem Überwachung, Zwangsarbeit und Propaganda entgegen → Macht blieb in Händen der Konservativen.
- **1918** deutsche **Offensive an der Marne** niedergeschlagen.
- Durch USA ist **Entente** überlegener geworden, dieses Scheitern führte zu Dissertation und Befehlsverweigerung.
    => Antikriegsstimmung wächst.
- **3. März 1918 Friede von Brest-Litowsk.**
- Oktoberrevolution veranlasste Kriegsaustritt Russlands.
    ▪ Musste Gebiete abtreten, in denen 1/3 der Bevölkerung lebte und 80% der Eisen- und Kohlevorräte lagen.
- Zugeständnisse an Mittelmächte: Unabhängigkeit der baltischen Staaten, Finnlands und

Ukraine unter deutscher Kontrolle.
=> Krieg schien sich zu Gunsten des Deutschen Reiches zu wenden.
- **14. August 1918** OHL erklärt Krieg für aussichtslos und drängt auf Frieden.
- **28. Oktober 1918** Marineführung will Matrosen in Wilhelmshaven und Kiel zu letzter Schlacht führen, um in Ehre zu sterben.
  → Matrosen weigern sich, **Novemberrevolution** beginnt.
- **4. November 1918 Arbeiter- und Soldatenräte übernehmen Macht in Kiel.**
- Nach sowjetischem Vorbild; Überall bildeten sich spontan Arbeiter- und Soldatenräte und übernehmen Macht von der gelähmten Ordnungsgewalt. Um Strafen wegen Meuterei zu verhindern Unterstützung bei Soldaten und Arbeitern mittels Massenkundgebungen gesucht.
- **8. / 9. November 1918** Bewegung erreicht Berlin.
- Reichskanzler Max von Baden veranlasst **Rücktritt des Kaisers** und übergibt Macht an Friedrich Ebert.
  - Ebert war Sozialist, wollte Revolution aber nicht radikalisieren.
- **9. November 1918 Deutsche Republik wird ausgerufen!**
- Scheidemann (MSPD) ruft Republik aus, danach ruft Liebknecht (Spartakusbund) Republik noch einmal aus.
  - Übereilte Aktion von Scheidemann um neues Deutschland nach bürgerlich-sozialen Grundlagen zu errichten.
  Liebknecht wollte mit seinem Ausruf sozialistisches Deutschland herbeiführen.

Die Wilhelminische Zeit
Unterteilung in grob 2 (bzw. 3) Phasen

0. Phase: Bismarck beschränkt Wilhelm II.
- **Die Politik Wilhelm II.**
Im Jahre **1888** stirbt Wilhelm I. und sein wird der schwerkranke Friedrich III. Nach drei Monaten verstirbt dieser und Wilhelms Enkel Wilhelm II. gelangt mit 29 Jahren an die Macht. Sein Wille ist es eine persönliche Regierung zu erschaffen, woran Bismarck Anstoß findet. Er ist sprunghaft, leicht beeinflussbar, ehrgeizig, eitel und erfüllt von Weltmachtsträumen. Der demagogische Kaiser missachtet alle diplomatische Klugheit und will Deutschland seine ihm zustehende Rolle als koloniale Weltmacht verleihen. Wilhelm II. sucht sich die nachfolgenden Kanzler selbst aus, sie sollen zurückhaltend sein und seine Politik nicht einschränken. Säbelrasseln, großspuriges Reden und Selbstüberschätzung lösen beim Ausland Befremdung und Misstrauen aus. Durch eine Vielzahl an Einschränkungen reicht Bismarck seine Kündigung am **20. März 1890** ein.

1. Phase: Das deutsche Reich unter Wilhelm II.
- **Außenpolitische Isolation.**
Für die folgenden Kanzler ist das Bismarck'sche Bündnissystem zu kompliziert und bricht zusammen. **1890** entscheidet man sich den Rückversicherungsvertrag mit Russland wegen den österreichischen Disparitäten zu kündigen. Diese Kündigung war diplomatisch ungeschickt und das sowieso schon von der neuen Politik Deutschlands verwirrte Russland denkt, Deutschland habe den Kurs gewechselt. Deshalb nähert es sich Frankreich an, welches sich dankbar zeigt. **1892** findet eine Militärmission zwischen beiden Nationen statt, welche die Grundlage des französisch-russischen Zweibundes von **1894** bildet. In nur vier Jahren ist Bismarcks zentrales Ziel der Außenpolitik – die Isolation Frankreichs – gescheitert, die deutsche Isolation beginnt. Durch die massive Flottenaufrüstung Deutschland fühlt sich auch England zunehmend bedroht. **1898** treffen französische und englische Truppen in Faschoda (Afrika) aufeinander, **1899** wird

dieser Streit um Afrika im Sudanvertrag beigelegt – ohne das Auftreten Deutschlands als neutraler Mittler. In der Krüger-Depesche **1896** mischt sich Wilhelm II. in englische Angelegenheiten ein, was zu einer Distanzierung führte. Die englischen Interessen im Mittelmeer zwingen es sich nach Bündnispartnern umzusehen. Deutschland möchte sich nicht festlegen, da es England von Deutschland abhängig sieht. Diese Ablehnung eines Bündnisses und die Vorgeschichte führen **1904** zur Entente Cordiale mit Frankreich. Indes hat sich Frankreich auch mit Italien im Konflikt mit Tunesien geeinigt und **1902** einen geheimen Neutralitätsvertrag geschlossen, der Dreibund zerfällt. Letztlich war es nur eine Frage der Zeit bis die Triple Entente von **1907** zwischen England, Russland und Frankreich geschlossen wird, Deutschland ist nun völlig isoliert. Dies zeigt sich auch auf internationalen Konferenzen wie den Kongokonferenzen **1905** und **1911**. Trotz der Einwände Deutschlands hält nur Österreich-Ungarn zu ihm (= Nibelungentreue), welches sich aber wegen dem Interesse auf dem Balkan als problematischer Bündnispartner erweist.

- **Aufrüstung.**
Die Weltpolitik Wilhelms II. ist geprägt von Großmannssucht und einem eigenen Kraftgefühl durch Selbstüberschätzung. So bildete die Rede von Bülow **1897**, in welcher er Deutschlands „Platz an der Sonne" forderte, den Beginn der Rüstungsanstrengungen Deutschlands. Diese Aufbruchstimmung kam spät, sodass sich deutsche Interessen mit denen der anderen Großmächte überschnitten und zu innereuropäischen Streitigkeiten führten. Der Flottenausbau wurde im Volk unterstützt und mit einer strategischen Überlegenheit begründet. Der Schutz des Handels und der Kolonien sowie die Synergieeffekte zur Ankurbelung der Konjunktur verstärkte das Interesse des Volkes. Die wachsende Flotte Deutschlands geriet in Konkurrenz zur Seemacht England, welche ebenfalls mit Hochrüsten reagierte. In ganz Europa wird fortan hochgerüstet, was sich gegenseitig verstärkt und durch die Spannungen in den Kolonien angetrieben wird.

- **Kontroverse um die Moderne.**
Anfang des **20. Jahrhunderts** entbrach eine öffentliche Diskussion um die Auswirkungen der Moderne. Während die eine die Vorteile der Großstädte anpriesen, wie z.B. Arbeit, Medizin, Bildungsmöglichkeiten, Freizeitmöglichkeiten und weniger Sozialkontrolle als früher in der Dorfgemeinschaft, so setzten die Konservativen das Bild des modernen Babylon dagegen. Die Großstadt sei voller Hektik, Lärm, Selbstentfremdung, Vereinsamung, Trunksucht, Verbrechen und Prostitution, die Bewegung Wandervögel wurde gegründet, welche den Jugendlichen ein Gefühl der Geborgenheit vermittelt.

- **Die Konflikte in den deutschen Kolonien – der Hererokrieg.**
In Deutschsüdwestafrika setzte der Gouverneur die Verjährungsfrist für Schulden auf ein Jahr herab, weshalb viele Geldgeber versuchten mittels Besitz- und Viehpfändungen an ihr Geld zu gelangen. Viehpfändungen galten aber als schlimmstes Verbrechen und kamen einer Kriegserklärung gleich. Ebenso wurde im Jahre **1903** die Otavibahn quer durch das Siedlungsgebiet der Herero gebaut, sodass die Halbnomaden umgesiedelt werden mussten. Am **12. Januar 1904** kam es zu einem Sturm auf deutsche Warenlager und dem Mord an 100 weißen Männern. Der Kaiser wollte eine schnelle Beilegung des Konfliktes, befehligte General von Trotha mit der Armee und verlor bald das Interesse daran. Bereits im **Mai 1904** erhielt der General keine neuen Instruktionen vom Kaiser, sodass er auf eigene Verantwortung handeln musste. Seine Vorgehensweise sah die vollständige Ausrottung der Herero vor. Am Waterberg wurden die Herero geschlagen und samt ihren Familien in die Wüste vertrieben. Von Trotha ordnete an, dass scharf geschossen werden dürfe um Frauen und Kinder zu vertreiben, Gefangene sollen aber keine gemacht werden. Dieses brutale Vorgehen sorgte im Reichstag und im Ausland für heftige Diskussionen, sodass nach **1907** eine Entspannung der Kolonialpolitik erfolgte.

- **Das Pulverfass Balkan.**

1908 annektiert Österreich-Ungarn entgegen dem Dreikaiserabkommens Bosnien und Herzegowina. Serbien geht dagegen vor, da es den Kristallisationspunkt des slawischen Nationalismus darstellt. Deutschland und Österreich-Ungarn verhindern ein Eingreifen Russlands, das vom japanischem Krieg und inneren Unruhen geschwächt ist und Serbien muss Annexion widerwillig anerkennen. Diese „Konfliktlösung" barg die Grundlage für die heftigste und schwerwiegendste Auseinandersetzung auf dem Balkan. **1912** streiten sich Italien und das Osmanische Reich um tunesische Gebietsansprüche, weshalb sich ein Balkanbund gegen die türkische Besatzung bildet. Russland unterstützt diesen, Österreich-Ungarn will jedoch keine Vergrößerung Serbiens hinnehmen. Letztlich ist die deutsche Beschwichtigungspolitik der Grund, welcher England, Österreich-Ungarn und Russland davon abhielt, sich gegenseitig zu bekriegen.

- **Die Soziale Sicherung unter Wilhelm II.**
1911 wird das Reichsversicherungsgesetz verabschiedet, welches neue Grundsätze für die Sozialpolitik geltend macht. So gilt nun das Ursachenprinzip, das Vermögen der Versicherten ist nicht mehr ausschlag-gebend für die Höhe der Versicherungsleistung, sondern der Krankheitsgrad. Des Weiteren erwuchsen Versicherungsanstalten um einem Monopol entgegenzuwirken und Pleitezeiten abzusichern. Landesver-sicherungsanstalten bauten sogar Erholungsheime für Arbeiter und führten Impfungen ein, was die Lebensqualität der Bevölkerung erhöhte.

- **Die Julikrise.**
Am **28. Juni 1914** wurden den österreichische Thronfolger und dessen Frau von einem serbischen Nationalist aus Protest über die Annexion Bosniens und Herzegowinas in Sarajevo erschossen. Öster-reich-Ungarn erkannte darin die Möglichkeit mit Serbien abzurechnen und es zu zerstören. Damit könn-ten Deutschland und Österreich-Ungarn ihren Einfluss auf den Bosporus weiter ausbauen (Bagdadbahn), jedoch wird Russland zugunsten Serbiens intervenieren. Am **6. Juli** zeigt sich Deutschland solidarisch und warnt Russland vor einem Eingriff für Serbien, die Blankovollmacht an Österreich-Ungarn wird ausgesprochen, was eines der zentralen Ereignisse für die Zukunftsgestaltung Deutschlands darstellen wird. Wegen der schnellen Abfolge der Ereignisse und der zeitgleich stattfindenden Urlaubszeit werden Initiativen zur Erhaltung des Friedens versäumt. Des Weiteren hat England trotz der Blankovollmacht noch einen gewissen Friedenswillen in der deutschen Politik vermutet. Am **23. Juli** stellt Österreich-Ungarn Serbien ein unzumutbares Ultimatum, welches jedoch angenommen wird. In der Öffentlichkeit findet sich eine breite Kriegsbereitschaft und nationale Euphorie zusätzlich dazu, dass Männer zu der Zeit äußerst leicht reizbar waren. Deutschland drängt /motiviert Österreich-Ungarn zu offensiverem Verhalten, sodass Österreich-Ungarn am **28. Juli 1914** Serbien den Krieg erklärt. Am **4. August** befindet sich Deutschland mit Russland, Frankreich und England im Krieg, ab dem **8. August** Österreich-Ungarn ebenfalls.

2. Phase: Der Erste Weltkrieg.

- **Burgfrieden und die Kriegsziele.**
Die nationale Euphorie und erste Erfolge lenkten von aktuellen innenpolitischen Problemen ab. So stimmte die SPD Kriegskrediten zu, in der Hoffnung nach dem Krieg mehr Einfluss und Mitsprache-möglichkeiten in der Politik zu erhalten (= Burgfrieden). Weil man einen schnellen Sieg zugunsten der eigenen Nation erwartete, dachte man laut über Kriegsziele nach. Die Mittelmächte wollten die Ententemächte von innen heraus schwächen (Russische Revolution, Aufstände in engl. Kolonien und Nationalismus in Polen fördern) sowie ihren Herrschaftsbereich in Westeuropa (Belgien) und Afrika (Kolonien) ausweiten. Die Ententemächte wollten ebenfalls ihre kolonialen Gebiete erweitern (durch deutsche Kolonien), die Türkei unter Frankreich und England aufteilen und Deutschland aufspalten.

- **Die neue Dimension des Krieges – Materialkriege und Heimatfront.**

Massenvernichtungswaffen (Maschinengewehre, Mörser, Jagdflugzeuge) verlangen tausende Opfer ohne Gebietsgewinne zu erlangen. Die allgemeine Wehrpflicht zerreißt viele Familien, 13 Millionen Deutsche zogen in den Krieg. Bereits **1915** steckte die Armee in Stellungs- und Materialkriegen fest. Der Einsatz von U-Booten und Giftgas brachte den Deutschen anfänglich Erfolge ein, jedoch gab es auch viele Verletzte in den eigenen Reihen. Die gesamte Wirtschaft wurde auf Kriegsproduktion umgestellt, in der Heimat entstanden Mangelsituationen. Schulkinder wurden zu Sammelaktionen angehalten, die Bevölkerung aufgefordert Kriegsanleihen zu kaufen. Dieser Krieg involvierte sogar die Zivilbevölkerung und konfrontierte sie mit deren Schrecken (= Heimatfront).

- **Sozialistische Revolution in Russland.**

Der Krieg förderte innere Unruhen in Russland, sodass im **Februar 1917** der Zar zum Abdanken ge-zwungen wurde und bürgerliche sowie adelige Kräfte die Regierung übernahmen. Die Regierung geht die aktuellen Probleme nicht an, möchte den Adel nicht durch eine Bodenreform verärgern und die Alliierten nicht durch einen Friedensvertrag. Darum übernahm Lenin im **Oktober 1917** die Initiative und setzte seine eigene Regierung ein. Der neue Staat war marxistisch geprägt und basierte auf dem historischen Materialismus. Nur eine Revolution kann die Ausbeutung der Proletarier verhindern, was eine Voraussetzung für den Sozialismus / Kommunismus darstellt. Des Weiteren konkretisierte Lenin diese Lehre auf das Bauernland Russland, entwickelte eine Kaderpartei und entwarf eine Staatstheorie. Das Selbstbildnis der Sowjetunion war geprägt von der Überzeugung, dass die eigene Politik zum Kommunismus übergeht, sie fortschrittlicher ist als der Kapitalismus, eine Parteielite die Staatstheorie aus dem historischen Materialismus ableiten kann und dass menschliche Opfer moralisch vertretbar seien.

- **Amerikanische Beteiligung am europäischen Geschehen.**

Am **6. April 1917** trat Amerika dem Krieg auf Seiten der Ententemächte bei, da der uneingeschränkte U-Bootkrieg und deutsche Übergriffe auf amerikanische Handels- und Passagierschiffe dazu provozierte. Natürlich wollte Amerika wegen den überzogenen Kriegszielen auch Einfluss auf die Nachkriegsordnung Europas haben (= Interessenswahrung). Dieser Wandel in der amerikanischen Politik besiegelte die Niederlage der Mittelmächte. Am **8. Januar 1918** stellte Präsident Wilson seinen 14 Punkte Plan vor, welcher Europa nach dem Krieg ordnen und eine gerechte Stabilität schaffen sollte. Die Abkehr von der Geheimdiplomatie, das Übergeben Elsass-Lothringens an Frankreich und die Einhaltung des Völkerrechts stellen nur einige Punkte dar. Dieser Plan wurde jedoch wegen dem Versailler Vertrag verworfen.

- **Die Niederlage im Krieg.**

Die grausamen Stellungs- und Materialkriege sowie die hohen Verluste veranlassten 400.000 Demon-stranten im **Januar 1918** in Berlin den Frieden zu fordern, welchen eine Parlamentsmehrheit bereits **1917** gefordert hatte. Der Staat stellt dem Überwachung, Zwangsarbeit und Propaganda entgegen, die Macht verbleibt in den Händen der Konservativen. Durch den Frieden von Brest-Litowsk am **3. März 1918** schien sich der Krieg zugunsten Deutschlands zu wenden, jedoch nicht für lange Dauer. Am **14. August** musste die Oberste Heeresleitung eingestehen, dass der Krieg nicht zu gewinnen ist, die Macht wurde übertragen, damit Ludendorff und Hindenburg nicht für Kriegsverbrechen bestraft werden.